엄마가 꼭 알아야 할 초등 공부 지도법

엄마가 꼭 알아야 할
초등 공부 지도법

초판 1쇄 발행 2015년 5월 22일

지은이 신성일
펴낸이 이지은
펴낸곳 팜파스
편집 박주혜
디자인 박진희
마케팅 정우룡
인쇄 (주)미광원색사

출판등록 2002년 12월 30일 제10-2536호
주소 서울시 마포구 어울마당로5길 18 팜파스빌딩 2층
대표전화 02-335-3681 **팩스** 02-335-3743
홈페이지 www.pampasbook.com | blog.naver.com/pampasbook
이메일 pampas@pampasbook.com | pampasbook@naver.com

값 13,000원
ISBN 978-89-98537-93-7 (13590)

ⓒ 2015, 신성일

- 이 책의 일부 내용을 인용하거나 발췌하려면 반드시 저작권자의 동의를 얻어야 합니다.
- 잘못된 책은 바꿔 드립니다.

이 도서의 국립중앙도서관 출판예정도서목록(CIP)은 서지정보유통지원시스템 홈페이지 (http://seoji.nl.go.kr)와 국가자료공동목록시스템(http://www.nl.go.kr/kolisnet)에서 이용하실 수 있습니다.(CIP제어번호: CIP2015012176)

명문 학교에서 탐내는 아이로 만들어 줄

학원보다 강력한 엄마의 힘!

엄마가 꼭 알아야 할 초등 공부 지도법

신성일 지음

중학교 올라가면 이미 늦었다!
초등학교 때 꽉 잡아야 할 핵심 공부법

팜파스

들어가며

내 아이 공부 코칭,
알면 어렵지 않습니다

고3도 아닌데 8할은 학원 다니고, 2할은 테스트하러 다니는 초등학생들.
이들은 웃음이 없습니다. 얼굴에서, 마음에서.

"공부 했니?"

"했다니까요."

"조금 있으면 학원 갈 시간인데 하긴 뭘 해."

"엄마가 자꾸 잔소리하면 밥 안 먹을 거야. 단식할 거야."

"그래. 단식하는 날부터 엄마는 방문 앞에서 네가 좋아하는 돼지갈비 구워 먹을 거야."

"엄마 미워. 학교도 안 가고, 짐 싸서 집 나가 버릴 거야."

"그래. 공부 안 할 거면 엄마가 배낭 싸 줄게. 배낭하고 돌아올 차비만 줄 테니까 지금 당장 나가."

그래도 이 정도는 애교(?)가 느껴지는 갈등입니다. 공부를 강요하는 엄마와 공부에 지친 아이의 갈등이 말하기 거북할 만큼 심각합니다. 부모의 격려 아래 공부 열심히 하는 학생들도 보았지만, 가출, 자살을 얘기하며 눈물짓는 학생들도 보았습니다. 엄마는 아이의 용기가 되고 아이는 엄마의 용기가 되어야 하는데 현실은 그렇지 못합니다. 이제 그 길을 찾아야 합니다.

엄마가 아이에게 해 줄 수 있는 가장 현명한 길이 뭘까요? 이 학원 저 학원 보내놓고 말로만 공부하라고 잔소리하면 다 될까요? 아니면 초등학교 1학년 때부터 옆에 끼고 일일이 가르치면 알아서 할까요? 이렇게 지도하면 수동적인 아이가 될 가능성이 커질 뿐입니다. 초등학교 교사도 본인 아이는 직접 지도하지 않습니다.

사실상 공부는 아주 단순합니다. 엄마가 몇 가지 방법만 알고 지도하면 아이에게 큰 힘이 될 수 있습니다. 사교육비도 대폭 줄이고 능동적으로 공부하는 아이로 키울 수 있습니다. 그렇다고 엄마가 심층적인 교과지식이 필요한 것은 아닙니다. 네 가지만 얘기해 보겠습니다. 필자가 특별히 강조하는 부분은 둘째와 셋째입니다.

첫째는 교과서에서 중요한 내용이 무엇인지 파악하는 겁니다. 아이가 중요한 게 무엇인지를 알면서 공부하게 해야 합니다. 이것은 1장에 충분히 설명되어 있습니다.

둘째는 낱말 이해입니다. 더 중요한 것은 낱말간의 공통점, 차이점 비교입니다. 왜냐하면 교과서에 등장하는 개념의 90%가 낱말이기 때문입니다. 따라서 엄마는 아이에게 이 부분을 지속적으로 강조해야 합니다. 중학년, 고학년에 올라가서는 낱말의 아빠개념, 친구개념을 보는 눈을 키우고 낱말을 자세하고 정확하게 정리하는 습관을 들이도록 해야 합니다. 이 내용은 2장에 자세히 나와 있습니다.

셋째는 생각하는 활동입니다. 교과서에서 절반을 차지하는 '~해 봅시다' 형태로 되어 있는 사고력 활동을 말합니다. 이 부분은 생각하는 공부의 기본이 됩니다. 무엇보다 중학교, 고등학교에서 상위권 이상 성적을 유지하고, 원하는 대학을 가기 위해 꼭 필요한 활동입니다. 이 부분을 소홀히 해서 낭패 본 학생들을 수없이 보았습니다. 낱말과 마찬가지로 엄마는 이 부분을 아이가 두려워하지 않도록 지속적으로 강조해 주어야 합니다. 이 내용도 2장에 나와 있습니다.

넷째는 중심내용 정리입니다. 이 부분은 교과서 내용이해나 노트정리에서 아주 중요합니다. 이 부분도 엄마가 읽어보면 방향이 잡힐 겁니다. 5장에 잘 설명되어 있습니다.

한 나라의 과거를 알려면 박물관에 가 보고, 현재를 알려면 시장에 가 보고, 미래를 알려면 학교에 가 보라는 유명한 말이 있습니다. 지금 우리 학교의 현실은 어떻습니까? 아이는 학교생활에 행복한가요? 제대로 공부하는 방법은 알려주지 않고 사교육에 내몰리면서 아이들은 마음의 병이 깊어지고 있습니다. 초등학생의 학업 스트레스가 세계 최고라고 합니다. 학년의 숫자가 높아지는 만큼 늘어나는 것이 있고 줄어드는 것이 있습니다. 늘어나는 것은 부모 지갑에서 나가는 돈이고, 줄어드는 것은 아이들 얼굴의 웃음입니다.

강요, 단절, 피동사적인 공부는 아이의 인생도 행복하지 않고, 성취감도 느끼지 못하게 합니다. 기다리고, 소통하고, 자동사적 공부가 되도록 뒷받침해 주어야 합니다.

학습을 본격적으로 하는 초등학교 시절에 부모의 정서적 지지와 적합한 코칭을 받으면서 그 기본을 다지는 것은 너무도 중요합니다. 특히 엄마의 학습 코칭은 초등학교에서 충분히 이루어져야 합니다. 중학교에 올라가면 힘들어 집니다. 중학교 이후는 격려와 자신감을 심어주는 역할에 치중해야 합니다.

필자는 중 · 고등학생을 제외한 초등학생 대상으로만 1년에 900~1000여 명에게 강의합니다. 물론 학부모 강의도 중간 중간 합니다. 강의 하면서 나름대로 수업방식이 있습니다. 초등학생 수업은 무조건 재미있어야 한다는 겁니다. 수업내용은 재미없을지라도 웃는 시간이 많으면 수업내용도 재미있어 합니다.

중학생은 흥미를 끌어내고, 고등학생은 공부의 의미를 깨닫게 해야 하는 것처럼, 초등학생을 대상으로 할 때는 재미있는 수업을 해야 합니다. 재미있으면 반응하고, 그러다보면 수업내용이 잘 들어옵니다. 사실상 모든 수업은 재미를 바탕에 깔고 하는 것이 맞습니다. 성인들이라고 다를까요? 성인들도 강의가 재미있어야 더 집중합니다.

강의 때마다 초등학생들에게 질문합니다.
"공부 재미있어?"
자신 있게 재미있다고 말하는 학생은 한 명도 없습니다. 안타까울 뿐입니다. 그런데도 진로를 물어보면 초등학교 교사가 되고 싶다는 아이들이 상당히 많습니다. 아이들도 초등학교 교사의 중요성을 알아서 그런 걸까요. 왜 하필 초등학교 선생님이냐고 물어보면 중학생, 고등학생들은 너무 나대서 싫다고 합니다. 그런 대답을 들으면 역시 맑고 순수한 초등학생들이구나라는 생각에 웃곤 합니다.

참고로 필자의 수업방식을 소개해 드리겠습니다. 초등학생들은 40분, 50분 수업에 집중하기가 쉽지 않습니다. 아무리 좋은 내용이라도

50분 동안 수업만 하면 아이들은 지루해 합니다. 그래서 50분 강의 때 작전을 잘 짜서 들어갑니다. '수업 시작 전, 5분을 잡아라.'는 말도 있지 않습니까?

일단 시작 전에 이야기를 해 줍니다. 주로 교훈적인 이야기를 해 주는데, 이때 중요한 것은 학생들이 생각할 수 있도록 문제를 내 주는 형식입니다. 탈무드나 이솝우화 또는 역사 이야기를 주로 합니다. 이렇게 학생들과 잠시 소통하고 나면 수업으로 넘어가는 과정이 부드럽고 자연스러워집니다. 그러면서 이 얘기도 꼭 해 줍니다.

"여러분들은 초등학생이라 50분 집중하기가 쉽지 않아요. 그래서 선생님이 10분마다 한 번씩 재미있는 이미지를 보여줄 테니까 웃으면서 재미있게 수업을 들으면 됩니다."

그러면 아이들은 기대감이 생깁니다. 중간 중간 보여주는 이미지는 사진이든 그림이든, 만화든 동영상이든 상관없습니다. 교훈적이 아니어도 됩니다. 그냥 웃을 수 있는 이미지면 됩니다. 그러면 어려운 수업내용이라도 아이들은 덜 어렵다고 느낍니다.

이제 10여 분 동안 수업을 진행합니다. 아이들은 진지하게 듣습니다. 처음 시작이 좋으면 전체적으로 수업 분위기도 좋습니다. 설명이 끝나고 나서 이미지를 보여줍니다. 한바탕 웃고 나서 수업했던 내용을 질문합니다. 대체로 아이들은 적극적으로 생각하고 대답하려고 노력합니다. 선생님이 웃음을 선물로 준 보답이라고 할까요. 그리고 다시 수업을 진행합니다. 10분 동안 수업하고 이번에는 다른 이미지를 보여주며 또 한 차례 웃습니다.

그런 다음에 마찬가지로 그동안의 수업내용을 질문합니다. 반복적으로 회상하게 하는 겁니다. 다시 수업을 진행합니다. 교훈적인 이야기→수업→웃음→질문→수업→웃음→질문→수업→웃음→질문. 이렇게 해서 50분 동안 4번에서 5번까지 수업내용을 질문형식으로 반복합니다. 수업을 마무리하며 아이들에게 이렇게 말합니다.

"여러분, 선생님이 여러분께 많이 했던 것은 질문입니다. 여러분도 학교에서나 집에서 질문을 많이 하기 바랍니다. 이해되지 않는 내용이나 궁금한 내용, 호기심이 가는 내용이 있으면 주저 말고 그때 그때 질문하기 바랍니다."

어머니들도 아이들에게 질문을 많이 하라고 얘기해 주기 바랍니다.

어느새 수업을 마치면 학생들의 얼굴이 밝습니다. 강의실 문을 나갈 때 모두 재미있다고 하면서 나갑니다. 필자의 자랑이 아니라 실제로 그렇습니다.

따지고 보면 실제 수업시간은 대략 25분 정도입니다. 웃는 시간이 있었던 만큼 수업시간 25분 동안 학생들은 거의 집중하고 대부분의 내용이 강하게 머릿속에 기억됩니다. "시간이 금방 갔어요."라고 피드백 하는 학생들도 많습니다.

이렇게 초등학생들은 수업시간이 지겹다가 아닌 재미있다는 인식이 있어야 합니다. 딱딱하고 생각이 많은 내용을 수업할 때는 더더욱 확실한 웃음거리를 제공합니다. 그러면 아이들의 입에서 "재미없어요."라는 말이 안 나옵니다.

사실 지금의 교육 시스템에서는 어떤 초등학생에게도 공부는 행복하지 않습니다. 스스로 마음내서 하기가 힘듭니다. 이 책은 공부가 어렵지 않고 몇 가지 원칙만 지키면 효과적이면서 빠른 길이 있다는 것을 알려주고 있습니다. 학습지도가 아니기 때문에 엄마가 충분히 코칭 할 수 있습니다. 어떻게 자녀들을 코칭 해야 할지 몰라서 방황하는 엄마들에게 필요합니다.

자, 이제 전국을 다니면서 초등학생들과 어머니들에게 강의했던 주제와 내용을 공개합니다. 행복한 초등 공부를 위한 초대장입니다. 들어와서 구경하시기 바랍니다.

신성일

차 례

들어가며 내 아이 공부 코칭, 알면 어렵지 않습니다 · 4
한눈에 보는 공부 코칭 마인드맵 즐거운 공부, 최고의 공부로 가는 길 · 14

Chapter 01 아이 공부를 즐겁게 만드는 기본 마음가짐
현명한 엄마는 정답 말고 질문을 준다

기본 마음가짐 하나, 중요한 내용을 놓치고 있는가? · 19
그 중요한 내용은, 교과서에 있다 · 26
기본 마음가짐 둘, 제대로 이해할 때까지 이해한 것이 아니다 · 49
이해력은 충분히 기를 수 있다 · 56

Chapter 02 엄마가 알면 더 높이 올라가는 아이의 공부 날개
공부 잘하려면 두 가지만 알면 된다

명문 중·고·대학교에서 원하는 아이로 키우는 엄마의 공부 기준 · 65
핵심 낱말을 잘 엮으면, 개념이라는 날개가 된다 · 70
'생각'하는 날개가 없다면 그 자리에 머무르게 된다 · 85

Chapter 03 아이 혼자 하는 자기주도학습은 없다
자기주도학습을 완성시키는 여섯 가지 키워드

스스로 공부하려면 기술과 바탕이 필요하다 · 95
엄마가 줄 수 있는 가장 큰 공부 밑거름, 자신감 · 103
문제에서 답만 찾는 아이에게 개념을 찾게 하자 · 109
엄마 혼자 세운 계획은 넣어두자 - 아이가 세운 일주일, 주간 계획표 · 115
주체적으로 공부하는 아이에게 든든한 도구를 쥐어주자 · 122

Chapter 04 아이에게 습관을 선물하라
예습, 수업, 복습을 먹고 자라는 성적

완벽하지 않아야 더 빛을 발하는 예습 습관 • 129
선생님과 같은 곳을 바라보는 수업 습관 • 134
엄마의 질문으로 깨우는 아이의 복습 습관 • 137

Chapter 05 엄마가 잡아줄 때 더 커지는 노트 정리의 힘
전부다 적는다고 머리에 남진 않는다

빽빽하게 쓴다고 모두 같은 노트정리가 아니다 • 147
아이의 공부 효과 팍팍 올리는 기본 노트정리 방법 • 152
여러 줄의 글보다 더 강력한 도표 하나의 효과를 일러주자 • 157
이해 못하는 아이, 중심내용이 뭔지 알고 있는가? • 171
센스 있는 엄마는 아이에게 포스트잇을 선물한다 • 179

Chapter 06 엄마가 아이의 시간을 디자인 하라
하루 24시간을 25시간처럼 공부하는 비법

아이의 잃어버린 시간을 되찾아 주자 • 189
아이의 하루를 뭉치 시간으로 나누자 • 193
자투리 시간을 알아두면 모든 시간이 의미 있다 • 197

Chapter 07 공부하는 이유를 알면 공부가 쉬워진다
각 과목을 완벽하게 파악하는 핵심 공부법

국어 공부, 중심 주제를 찾게 하라 • 203
수학 공부, 한 문제라도 정성껏 풀게 하라 • 208
사회 공부, 전체와 부분 그리고 생소한 용어를 잡아 주자 • 213
역사 공부, 아이의 하루 속에 다 들어있다 • 219
과학 공부, 아이의 호기심을 존중하라 • 223

글을 맺으며 무서운 이야기 - 우리나라 교육 때문에 망한다! • 227

한 눈에 보는 공부 코칭 마인드맵
즐거운 공부, 최고의 공부로 가는 길

이 책의 전체 내용을 간략하게 맵(map)으로 정리해 보았습니다.
특히 별표는 성공적인 공부지도에 매우 중요합니다.

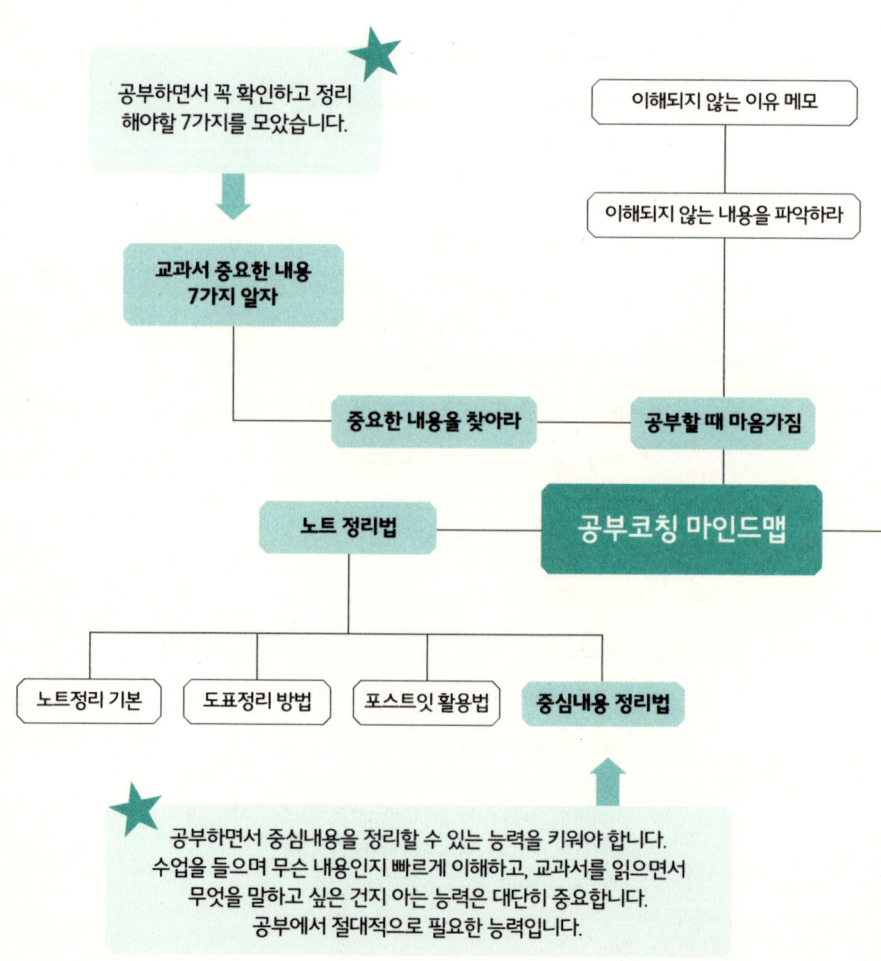

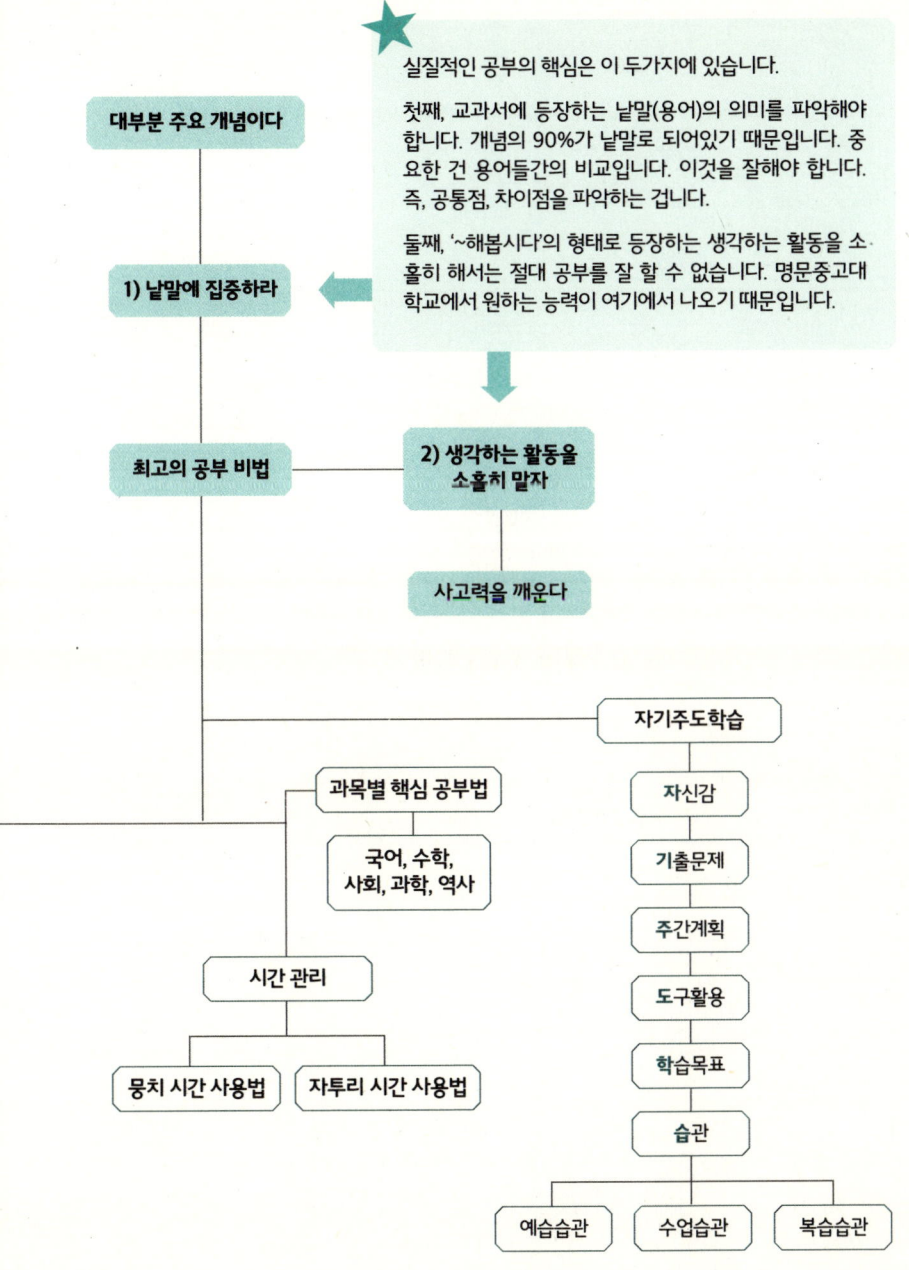

Chapter 01

아이 공부를 즐겁게 만드는 기본 마음가짐

현명한 엄마는 정답 말고 질문을 준다

성직자이면서 고대 역사에 관심이 많았던 아버지는 아들에게
호메로스의 「일리아스」와 「오디세이아」, 「트로이전쟁」 이야기를 자주 들려주었습니다.
아들은 언젠가 자신이 트로이 유적을 발견하겠다는 목표를 새기며 자랐습니다.
1873년, 아들은 기원전 2000년의 세계, 즉 트로이를 발견합니다.
이 사람의 이름은 독일의 사업가이자 고고학자인 하인리히 슐리만입니다.
좋은 책을 읽어주고 선물해 주는 아버지가 아름답습니다.

기본 마음가짐, 하나
중요한 내용을 놓치고 있는가?

아이들은 저학년에서 중학년으로, 중학년에서 고학년으로 올라갈수록 점점 더 공부하기 싫어합니다. 하지만 이 중에도 유독 공부에 욕심 있는 학생들이 있습니다. 사실 이 학생들도 공부 싫어하기는 마찬가지입니다. 공부하기도 싫어하지만 성적이 뒤처지는 것도 싫어합니다. 전 과목 만점 받던 6학년 여학생이 이번 학기에 과학에서 반개를 틀려 속상해하고 애석해 합니다. 눈물까지 그렁그렁 합니다. 그리고 이렇게 얘기합니다.

"선생님, 너무 억울해요. 제가 이런 실수를 하다니."

그까짓 반개 때문이라고 할지 모르나, 이 학생에게 반개는 2점짜리 반개가 아니라 실수에 마음 아파하는 반성이었습니다.

어떻게 하면 이런 욕심이 생길 수 있을까요? 어머니들도 궁금하지 않나요? 다른 학생들과 마찬가지로 공부를 싫어하는 마음은 같지만, 독특하게도 공부에 욕심이 있습니다. 어찌 생각하면 신기합니다. 이런 욕심의 동기를 알아 보자는 겁니다. 이왕이면 같은 시간 노력했으니 실질적인 결과를 얻는 방법으로 공부해야 합니다.

'시작이 반이다'라는 속담이 있습니다. 속담처럼 무작정 시작만 한다고 절반이 얻어질까요? 그렇지 않습니다. 시작할 때 어떤 생각을 가지고 시작하느냐가 중요합니다. 뭐든 어떤 일을 시작하기 전에 최소한 그 일을 어떻게 진행하고 끝낼 것인지를 생각해야 시작이 반이 되는 겁니다. 공부도 마찬가지입니다. 무조건 책상 앞에 앉아 교과서를 펼쳐서 읽는다고 공부를 시작하는 것은 아닙니다. 어떻게 시작해야 되는지를 알아야 합니다.

이해를 위해 예를 들어 보겠습니다. 달리기를 할 때도 무작정 달리는 것이 아니라, 어떤 요령으로 달려야 금방 지치지 않고 뛸 수 있는지 생각해야 합니다. 가볍게 스트레칭을 한 이후에 몸에 집중합니다. 그리고 복식호흡을 하면서 뛰면 훨씬 부드럽게 달릴 수 있습니다. 수

영할 때도, 등산할 때도, 박물관 견학할 때도 마찬가지고, 토론할 때도 이와 같습니다.

해야 할 일을 좀 더 효과적으로 하기 위한 기본 마음가짐이 필요합니다. 공부하는 학생도 이런 마음을 가지고 시작해야 공부가 지치지 않습니다. 아무 생각 없이 공부하면 과정도 결과도 만족스럽지 않게 됩니다. 소중한 시간만 낭비하게 되는 거죠. 그래서 생각하는 공부가 필요한 겁니다.

학부모 상담에서 가끔 이런 질문을 받습니다.

"선생님, 우리 딸이 5학년입니다. 딸이 정리한 노트를 보면 대견스러워요. 글씨체도 바르고, 색 펜도 적당히 사용하고, 그림도 그리고, 포스트잇으로 보충까지 합니다. 어디서 배웠냐고 물어봤더니 텔레비전에서 설명하는 것을 보고 따라했다고 합니다. 주변 엄마들이 집에 놀러 와서 우리 딸아이 노트를 보면 전교 1등 노트 같다고 말합니다. 그 정도로 깔끔하게 정리를 잘합니다. 교과서에도 얼마나 메모를 예쁘게 잘하는지 모릅니다. 하지만 성적은 기대만큼 좋지가 않아요. 왜 그런 건가요?"

정말 왜 그럴까요?

이런 학생들은 공통점이 있습니다. 아주 기본적인 공부의 핵심을 놓치고 있는 겁니다. 공부를 시작하면서 해야 하는 기본을 놓치고 있는 겁니다. 정확히 얘기하면 몰라서 그렇게 했다는 표현이 더 맞을지도 모릅니다. 공부의 핵심을 놓치니까 별로 중요하지 않는 내용과 뻔히 이해되는 내용 위주로 정리하게 된 겁니다.

중요한 내용을 놓치고 정리하는 데 익숙해진 겁니다. 그래서 노트에 가치가 없는 겁니다. 습관이 무섭다고, 습관은 한번 몸에 붙어 버리면 떼어내기가 쉽지 않습니다. 어른도 쉽지 않은데 아이들은 오죽할까요. 더 늦기 전에 스스로 바꾸게 해 주어야 합니다. 대체로 학생들은 자기 수준만큼 정리한다고 생각하면 됩니다. 자신의 수준을 높이려면 별도의 노력이 필요합니다.

두 가지만 기억하면 되는데, 그 첫 번째 노력은 이렇습니다.
공부할 때 기본 핵심은 중요한 내용과 중요하지 않는 내용을 구분할 줄 아는 것입니다. 이것이 공부를 시작할 때 마음가짐이어야 합니다. 너무 어렵게 생각하지 말고 중요한 내용이 무엇인지 찾으면서 읽으라고 하면 됩니다. 이 단원에서 중요한 게 뭔지 알아야겠다는 마음으로 읽으면 됩니다. 읽어 나가면서 '아, 이게 중요한 내용이겠구나. 이 내용을 강조하는 구나.' 이렇게 느낄 수 있도록 해야 합니다. 공부할 수 있는 용기의 시작은 중요한 내용을 찾도록 노력하는 데 있습니다.

교과서에 있는 내용은 다 보아야겠지만, 그 중에는 중요한 내용이 있고 상대적으로 덜 중요한 내용이 있습니다.

예를 들어보겠습니다. 4학년에서 '지층과 암석'을 배웁니다. 암석, 지층, 층리 등의 설명과 이해를 돕기 위해 탐구활동과 이미지가 나옵니다. 개념을 설명하는 문장은 밑줄을 그어 줍니다. 반면에 일반적이고 주변의 평범한 사례를 든 문장들은 쉽게 이해되어 읽고 넘어갑니다. 상대적으로 덜 중요한 내용들입니다.

학교에서도 선생님이 모든 내용을 강조하지 않습니다. 밑줄을 그어 놓으라고 하는 부분이 중요한 내용이 되는 겁니다. 선생님이 밑줄을 그으라고 할 때도 '아, 주로 이런 내용에 밑줄을 그으라고 말씀하시는구나'를 생각해야 합니다. 이런 생각이 나올 수 있도록 몇 번이고 얘기해 주세요. 이렇게 중요한 내용을 찾아내어 밑줄을 그을 줄 알아야 합니다. 중요한 내용과 덜 중요한 내용을 구분하는 겁니다.

이런 학생들이 있습니다. 눈으로만 보는 겁니다. 눈으로 밑줄 긋고, 눈으로 메모한다고 할까요. 손은 어디 가고 눈으로 다 합니다. 눈이 만능입니다. 공부할 때 눈으로만 봐서는 안 됩니다. 이런 학생들의 대부분은 중요한 내용을 구분해 놓아야겠다는 생각의 힘이 약한 겁니다. 중요한 내용은 표시해놓고 반복적으로 읽어야 합니다. 읽으면서 이것이 왜 중요한 내용인지를 생각해야 한다고 얘기해 주어야 합니다. 이렇게 하기까지는 반복과 시간이 필요할 뿐입니다.

평소에 교과서를 읽을 때, '이 단원에서 중요한 내용이 뭐지?' 라는 물음이 자연스럽게 나와야 합니다. 지속적인 이 물음의 효과는 대단합니다. 이렇게 중요한 내용을 찾는 일이 숙달되면 어느 순간 정말로 중요한 내용이 빠르게 눈에 들어오니까요. 신기합니다. 왜 그럴까요?

이것은 두뇌의 원리에 따른 겁니다. 우리 두뇌는 생각하고 집중하는 쪽으로 발달합니다. 이것은 누구에게도 예외가 없습니다. 아이들이 좋아하는 게임만 봐도 알 수 있습니다. 이것만이 아니죠. 운동을 좋아하면 근육이 발달하면서 체력이 좋아지고, 만화책을 좋아하면 상상력이 풍부해집니다. 시를 자주 읽다보면 감수성이 좋아집니다.

이런 단순한 원리로, 공부하면서 중요한 내용을 찾기 시작하면 그것이 공부를 잘할 수 있는 길을 열어줍니다. 공부에 욕심 있는 아이들은 중요한 내용을 잘 찾고 반복해 보면서 이해하고 기억합니다. 이러한 과정을 일정 기간 거치면서 공부에 꼭 필요한 습관이 형성된 겁니다.

교과서를 읽건, 수업시간에 선생님 설명을 듣건, 중요한 내용을 찾으려는 노력이 반드시 필요합니다. 아무 생각 없이 읽는 것이 아니라 이 단원에서 무엇을 강조하는지 생각하면서 읽게 해야 합니다.

또 하나, 계획한 공부를 마친 뒤에도 바로 일어서지 말라고 해 주세요. 한 번 더 확인하라고 말이죠. '무엇이 중요한 내용이었지?'라고 스스로에게 질문해야 합니다. 처음과 끝이 항상 같아야 합니다. 이것은 아주 바람직한 직후 복습입니다. 모든 아이들이 다 같지는 않을 겁니다. 당장 아이가 실천하지 않는다고 엄마가 조급해하면 안 됩니다. 초등학교 다닐 때 엄마에게 들었던 공부 방법을 중학교 올라가서 실천하는 아이들도 있습니다. 6개월 후건, 1년 후건 이것이 중요하다고 스스로 생각되면 그때부터 달라지는 겁니다. 공부했다는 성취감을 느끼게 됩니다. 그러면 조금씩 변화의 기회가 찾아옵니다. '아, 하면 되는구나.'라고요.

중학년인 3, 4학년은 복습하면서 이 습관을 강조합니다. 고학년인 5, 6학년은 여기에다 수업시간 전과 후에도 이 습관을 강조합니다. 아래에 도표로 정리해 놓았습니다.

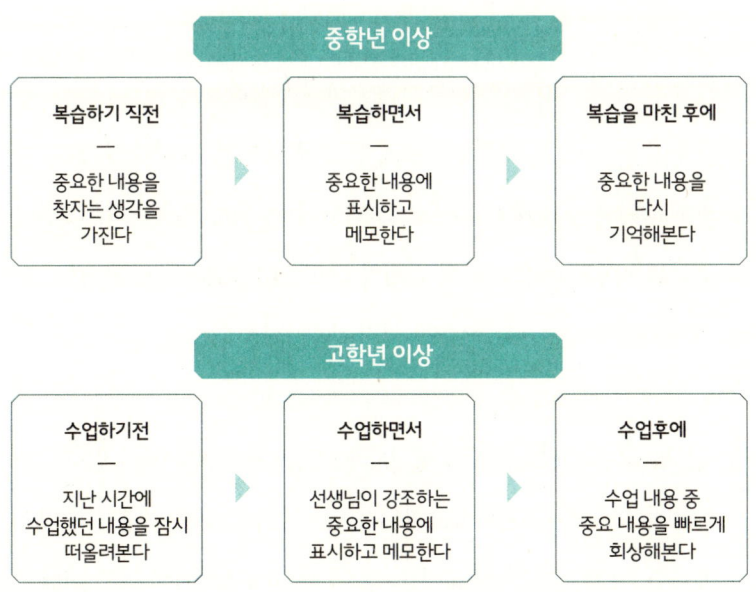

그 중요한 내용은,
교과서에 있다

아이들은 초등학교에 들어가기 전까지 주로 그림책을 보거나 좋아하는 그림을 그리면서 시간을 보냅니다. 그러다가 초등학교에 들어가서 부쩍 글자를 많이 읽게 됩니다. 중학년(3~4학년), 고학년(5~6학년)으로 갈수록 읽기 분량이 늘어납니다.

사실상 공부는 텍스트를 읽는 활동이 많기 때문에 글자를 받아들이는 수용적 태도가 대단히 중요합니다. 글 읽기에 대한 거부감이 없어야 합니다. 이런 수용적 태도가 안 되면 학년이 올라갈수록 늘어나는 글자 분량에 힘들어 합니다. 이해력도 점점 처지게 되고요. 그러면서 읽기능력이 저하되고 공부를 싫어하게 됩니다.

그렇다면 반대로 생각해 보겠습니다. 읽기능력이 좋은 학생들은 기본적으로 글자에 대한 수용적 태도가 높습니다. 읽는데 거부감이 없고 책을 좋아하다 보니 더 많이 읽으면서 이해력을 높여 가게 됩니다. 그러면 자연히 성적도 좋아지게 됩니다. 왜 이렇게 다른 걸까요? 이유가 무엇일까요?

이건 어른도 마찬가지입니다. 성인 중에도 글자에 대한 거부감이 없어 책읽기를 좋아하는 사람도 있고, "글자만 보면 졸려."라고 하는 사람도 있습니다.

읽기에 있어서 수용능력을 키우려면 어떻게 하면 될까요? 이 능력을 키우는 데 상당부분이 엄마에게 달려 있습니다. 엄마가 아이에게 책을 읽어주면서 요령 있게 해야 합니다. 그러한 기회는 빠르면 빠를수록 좋습니다. 사실 엄마나 아빠가 유아기 때는 종종 했는데 초등학교에 들어가면 거의 안합니다. 조금만 요령 있게 하면 글자를 대하는 두려움이 대폭 줄어듭니다. 아이를 학교나 학원에만 맡겨 놓으면 자칫 글자에 흥미를 잃게 된다는 사실을 명심해야 합니다. 여기에 강압이 더해지면 결국 공부 자체에 재미를 잃게 되는 거고요. 학교나 학원에도 훌륭한 선생님이 있지만 읽기에 관한한 엄마만한 선생님은 없습니다.

엄마가 교과서를 읽어 주는 겁니다. 교과서 읽기도 이야기책과 마찬가지입니다. 읽어 줄 때 이렇게 합니다. 그냥 낭독하듯이 줄거리나 내용만 거침없이 읽어 주어서는 안 됩니다. 그렇다면 엄마가 상당한 교과지식이 필요한 거냐? 절대 그렇지 않습니다. 이 방법은 엄마가 교과지식이 없어도 상관없습니다. 아이가 어렸을 때를 생각해 보십시오. 책을 읽어주면서 "왜 그럴까?", "정말 그런가?", "신기하다", "한번 상상해 보자" 등등의 표현을 써 주지 않았습니까? 이와 마찬가지로 감정표현만 풍부하면 됩니다.

읽기 능력이 부족하다고 생각되면 초등학생 때만이 아니라 중학교 올라가서도 아이와 함께 책읽기를 하는 것이 좋습니다. 초등학교 다닐 때만큼 자주는 아니더라도 엄마와 함께 책 읽는 시간을 일주일에 한두 번 정도 가져야 합니다.

이제, 실질적으로 교과서를 가지고 해 보겠습니다. 예를 들면 3학년 과학에서 '액체와 기체의 부피'를 배웁니다. 이런 내용이 나옵니다.

> 물체나 물질이 공간에서 차지하는 크기를 부피라고 합니다. 액체는 담는 그릇에 따라 모양이 달라집니다. 그래서 같은 부피의 액체라도 모양이 다른 그릇에 담으면 그 부피가 다르게 보일 수 있습니다.
>
> <과학3-2, 액체와 기체의 부피, p22, 금성출판사>

이 내용을 엄마가 낭독해 주면서 이렇게 표현합니다. 첫 번째 문장은 부피의 뜻에 대한 설명인데, "아, 부피가 이런 뜻이구나. 새로운 사실을 알았는 걸." 이렇게 말하며 고개를 끄덕입니다. 강제로 아이 머릿속에 집어넣는 것이 아니라 스스로 상상하게 놔둡니다. 때로 감정 표현이 어려운 문장은 읽고 넘어가도 됩니다.

두 번째 문장을 읽고 나서는, "어, 정말이야? 신기하네." 이렇게 표현해 줍니다.

또는 "정말 물통의 물과 콜라병에 들어 있는 콜라가 모양이 다르네."라고 엄마가 상상한 이미지를 설명해 주기도 합니다. 때로 "어떻게 상상이 될까"라고 가볍게 묻기도 해 보세요. 아이 머릿속에 장면이나 상황을 그려보게 합니다.

세 번째 문장을 읽고 나서는, "아, 그렇구나. 이제 이해가 되네."라고 합니다. 한두 개의 단어에 얽매이지 않습니다.

이런 방법은 아이가 텍스트에 호기심과 감성이 생기게 해 줍니다. 교과서 읽기에 대한 공감능력이 커집니다. 이렇게 글자에 대한 공감능력이 생긴 아이는 책을 읽다가 새로운 내용을 접하면, '그래? 신기하네.'라는 수용적 태도를 보입니다. 그리고 바로 머릿속에 그 장면이나 상황을 그려보기도 합니다. 이런 능력이 커지면 이해한 내용을 자신의 상황에 적용까지 해 봅니다. 신기하지 않습니까? 사실 인간은 이러한 일련의 과정을 거쳐 생각이 성장해 가는 거랍니다.

　초등학교 저학년 때부터 해 주면 좋지만 중학년과 고학년 때라도 결코 늦지 않습니다. 이렇게 글자에 대한 공감능력이 생기면 중학교에 올라가서 더 어려운 텍스트를 접해도 수용적 태도를 가질 수 있습니다. 스스로 상상하고 생각하려고 노력합니다.

　말이 조금 길어졌는데, 이제 진짜 말하고자 했던 이야기를 꺼내 보겠습니다. 이쯤에서 궁금한 점이 생기지 않나요? '그렇다면 과연 중요한 내용이란 무엇일까?' 입니다. 공부하면서 중요한 내용, 이것이 궁금할 겁니다. 중학년(3~4학년) 이상부터 건성건성 읽지 않도록 습관을 들여야 합니다. 교과서에서 중요한 내용이란 무엇을 말하는지 하나하나 살펴보겠습니다.

1) '~을(를) 알아봅시다'를 놓치지 말자

　우선 교과서에서 어떤 단원을 배워도 그 단원의 '학습목표'가 있음을 알아야 합니다. 그야말로 학습하는 데 꼭 알아야 할 목표인 겁니다. 그럼에도 불구하고 학생들은 소홀히 합니다. 제대로 얘기해 주는 사람이 없는 거겠지요. '학습목표가 중요하구나.'라는 사실을 인식할 수 있도록 해야 합니다. 학습목표에 기반해서 수업이 진행되고, 시험 출제의 방향이 결정됩니다. 대학수학능력시험 보기 전까지 내내 따라다니는 것이 학습목표입니다.

사실 중·고등학교 교과서는 중단원과 소단원에 학습목표가 명확히 나와 있어서 공부해야하는 방향이 보입니다. 하지만 초등학교 교과서는 학습목표라고 명시되어 있는 경우가 아주 드뭅니다. 학습목표의 형태는 교과서마다 다양합니다. '이것이 이 단원의 학습목표구나'를 찾아낼 수 있어야 합니다. 찾으면 보입니다.

대체로 초등 교과서는 단원이 시작하는 페이지에 '~을(를) 알아봅시다'가 종종 눈에 띕니다. 이것을 학습목표라고 생각하면 됩니다. 자녀가 평소에 학습목표의 중요성을 생각하고 있다면 학습목표를 찾는 일은 그다지 어렵지 않습니다.

예를 들면 6학년 국어에서 시 작품 바로 위에 '시를 읽고 인물 사이의 갈등이 무엇인지 알아봅시다'가 나와 있습니다. 이것이 작품의 학습목표입니다.

중학년 교과서는 고학년 교과서처럼 학습목표가 명확하게 한 줄로 제시되어 있지 않은 경우도 있습니다. 중학년(3,4학년)의 경우, 이해를 돕기 위해서 대단원 도입부분에 설명식으로 학습목표를 제시하는 경우가 많습니다. 다시 강조하지만 교과서에 조금만 관심을 가지면 학습목표는 어렵지 않게 찾을 수 있습니다.

사회과목의 경우 단원 시작 아랫부분에 눈에 띄게 학습목표를 제시합니다. 예를 들면 6학년 사회 '우리 생활과 민주주의' 시작 페이지에서 눈에 띄게 학습목표를 제시합니다.

> ♦ 민주주의의 의미와 정신을 일상생활의 사례를 통해 알아봅시다.
> ♦ 민주적인 정치 참여 방법을 익혀 우리 생활에서 발생하는 정치 문제를 민주적인 과정을 통해 해결하여 봅시다.
>
> <사회6-2, 우리나라의 민주정치, p10, 두산동아(주)>

혹시 학습목표를 찾는 것이 번거롭다고 생각된다면 아주 간편하고 손쉬운 방법을 알려드리겠습니다. 그것은 주제(차례)를 학습목표로 생각하면 됩니다. 주제는 그 자체가 하나의 학습목표인 셈입니다. 그만큼 중요합니다.

예를 들면 4학년 과학에서 '지층과 그 속의 암석'을 배웁니다. 이때 다섯 개의 소주제가 등장합니다. 지층의 모양, 만들어지는 과정, 여러 모양의 지층, 퇴적암, 퇴적암의 종류 등이 알아야 할 학습목표가 됩니다. 이렇게 주제를 통해 학습목표를 확인해 보면 전체적으로 공부할 내용들이 정리됩니다. 특히 수학은 따로 학습목표를 찾기 애매한 경우가 많으므로 "주제(차례)를 학습목표라고 생각하면 편해." 이렇게 얘기해 주세요.

교과서의 새로운 단원을 배울 때 '학습목표가 무엇이지?'하며 확인해 봐야 합니다. 학습목표에 밑줄을 긋거나 표시해두면서 배울 내용이 무엇인지 알아야 합니다. 여기서 끝난 것이 아닙니다. 소(중)단원을 다 배운 후에 다시 학습목표를 찾아와야 합니다. 학습목표로 돌아와서 그 의미가 무엇인지 메모해 놓습니다. 중학년은 생각해 보는 정도로 얘기해 주고, 고학년은 메모까지 강조합니다. 여하튼, '학습목표가 무엇인지 찾아야 한다.'라는 생각은 항상 머릿속에 있어야 합니다.

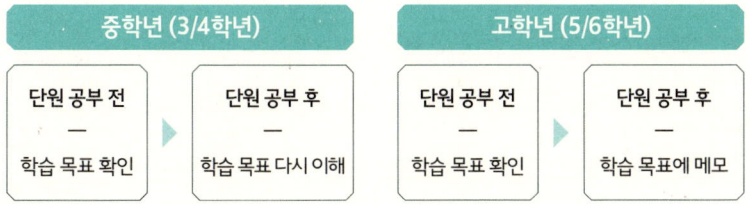

지금까지 학습목표의 중요성과 사례를 통해 확인해 보았습니다. 초등학교 때부터 학습목표에 대한 인식이 있고 찾으려는 노력이 있어야 합니다. 그래야 자녀가 중학교에 올라가서 훨씬 가볍게 교과서를 대할 수 있습니다. 왜냐하면, 이것은 읽기능력의 중요한 부분이기 때문입니다.

2) 개념 설명된 부분에 밑줄 긋고 깊이 생각하자

개념이 무슨 뜻이고, 개념이 왜 중요한지, 개념 이해 과정은 2장에서 자세하게 설명할 겁니다. 여기서는 어머니들의 기본적인 이해를 위해 요점만 가볍게 짚고 넘어가겠습니다.

교과서는 군더더기가 없습니다. 자녀들의 이해능력에 따라 다르긴 하겠지만, 개념을 이해하기 쉽게 설명되어 있습니다. 물론 혼자하기 힘든 활동이나 필요한 보충내용은 자습서를 참고하면 됩니다. 웬만하면 교과서와 자습서를 함께 펼쳐놓고 읽는 것이 좋습니다.

자, 이제부터 중요합니다. 개념 설명은 '~은(이, 을, 란) ~다(이다, 니다)' 형태로 되어 있다고 생각하면 됩니다. 대부분 교과서는 이렇게 한 문장으로 개념정리를 해 주고 있습니다.

예를 들어 설명해 보겠습니다. 4학년 과학에서 '지층'의 개념을 이렇게 정리해 놓고 있습니다.

〈암석이 여러 층으로 쌓여 있는 것을 지층이라고 합니다.〉

'~이 ~다' 라고 되어 있는 것이 보이죠? 이러한 문장을 찾아내는 것은 어렵지 않습니다. 눈만 동그랗게 뜨고 읽으면 보입니다. 이 문장에 밑줄을 칩니다 하지만 여기에서 그치면 발전이 없습니다. 잠시 읽기를 멈추고 밑줄 쳐 놓은 내용을 깊이 생각해야 합니다. 이 한 문장을 통해 생각을 확장해 나가야 합니다. 이 문장의 앞뒤 문장을 잘 읽어보면 개념 이해에 좀 더 다가갈 수 있습니다. 이해가지 않는다면 앞에서부터 다시 내용을 곱씹으며 읽어야 합니다. 필자는 지금 아주 중요한 얘기를 하고 있습니다.

그렇다면 무엇을 깊이 있게 생각해야 한다는 말일까요?
개념 설명된 문장에 포함된 낱말에 집중해야 합니다. 개념 설명된 문장을 뜯어보면 무엇을 공부해야 할지가 보입니다. 지층의 개념에서 '암석'이라는 것, '층'이라는 것, '쌓이다'에 집중하고 이해해야 합니다. 이 분석이 아주 중요합니다. 이것을 잘하느냐, 건성건성 하느냐에 따라 공부를 잘하고 못하고의 상당부분이 결정됩니다. 이러한 분석능력이 사고력을 향상시켜 줍니다. 대체로 학생들은 대충 읽고 넘어갑니다. 생각을 안 하는 겁니다. 이런 구멍 난 습관을 채워 주어야 합니다. 일일이 가르치기 보다는 생각하는 능력을 키우도록 해 주어야 합니다. "그렇게 읽는 것은 잘못된 거야."라고 정확히 지적해 주십시오.

이번에는 4학년 수학에 등장하는 '사다리꼴'에 대해서 살펴볼까요. 개념 정의가 이렇게 되어 있습니다.

〈마주 보는 한 쌍의 변이 서로 평행한 사각형을 사다리꼴이라고 합니다.〉

이제 보일 겁니다. 이 정의를 무조건 외우려고 할 것이 아니라 마주 본다는 것, 한 쌍이라는 것, 평행이라는 것, 사각형이라는 표현을 하나 하나 생각하며 이해해야 합니다. 직접 그려가며 생각해 보라고 얘기해 주세요.

이렇듯 개념정의는 개념을 설명하는 중심 낱말들이 반드시 들어가 있다는 겁니다. 이 중심낱말들을 잘 이해하고 기억해 둘 필요가 있습니다. 꼼꼼하게 뜯어보아야 합니다. 이런 것을 모르는 학생들은 계속 원래 읽던 방식대로 읽어서 그것이 습관으로 자리 잡게 됩니다. 이런 상태로 중학교에 올라간다고 생각해 보십시오. 어머니들이 생각하기에도 끔찍할 겁니다. 정확히 얘기해 주십시오.

서술형 문제에서 어떤 개념의 중심 낱말을 빠트리고 쓰면 감점이 됩니다. 예를 들면, 수학에서 삼각형의 개념을 설명할 때, 변, 꼭짓점, 각 등의 중요 용어들이 등장합니다. 국어에서 소설의 개념을 설명할 때, 인물, 사건, 갈등, 배경 등등의 중심용어들이 등장합니다. 과학에서 혼합물의 개념을 설명할 때, 물질이라는 중심용어가 꼭 들어가야 합니다. 사회에서 민주주의 개념을 설명할 때, 선거와 정당이라는 중심용어가 등장합니다.

이러한 실수를 방지하기 위해서라도 개념 정의된 문장은 시간을 투자해서 분석하고 이해해야 합니다. 이러한 노력이 있을 때 원하는 학습효과와 성적이 나오게 됩니다. 이런 것을 지적해 주는 학교나 학원은 전무합니다. 어머니가 해야 할 일입니다. 엄마가 두세 번 얘기했는데 아이가 원하는 대로 안한다고 강요하거나 다그치면 절대 안 됩니다. 이런 아이들일수록 더 인내심을 가지고 차분히 얘기해 주어야 합니다. 기다려 주어야 합니다. 세상에 아이를 기다려 줄 수 있는 사람은 부모밖에 없습니다.

3) 시험에 나올 확률이 많은 '질문'에 메모하자

자료를 취합하기 위해 최상위권 중·고등학생들의 교과서를 조사해 본 적이 있습니다. '이들 교과서의 공통점은 무엇인가?', '일반 학생들의 교과서와 어떻게 다른가?'를 살펴보기 위해서였습니다. 이들은 또래의 학생들과는 다른 일정한 공통점이 있었습니다. 이들의 교과서에서 학습목표, 질문, 이미지에 메모가 잘 되어 있음을 발견했습니다.

사실 초등학생들의 교과서를 점검해 보면 질문 내용에 메모가 거의 되어 있지 않습니다. 선생님이 받아 적으라고 한 부분 말고는 스스로 해 놓은 경우가 드뭅니다. 교과서의 질문내용은 시험에 나올 확률이 높습니다.

무엇에 나올 확률이 높다고요? 시험입니다. 어머니들도 이렇게 저처럼 자녀들에게도 강조하고, 묻고 대답하게 해야 합니다.

교과서가 질문에 답을 주지 않는 이유는 스스로 해결해서 적어놓으라는 의미인데 비어 있어서는 안 됩니다. 교과서에서 질문이 나오면 공부해서 메모해 두어야 합니다.

참고로 우리나라와 이스라엘 부모를 비교할 때 이런 얘기를 종종 합니다. 우리나라 부모들은 자녀들이 학교 갈 때 이렇게 말합니다.

"얘야, 학교 가서 선생님 말씀 잘 들어."

반면에 유태인 부모들은 이렇게 말한다지요.

"얘야, 학교 가서 선생님에게 질문 많이 하고 와."

유명한 얘기입니다. 질문의 중요성을 강조하는 대목입니다. 기억했다가 아이가 학교 갈 때마다 얘기해 주세요.

이스라엘 부모의 교훈 때문이 아니더라도, 교과서의 질문내용을 빠트려서는 안 됩니다. 질문을 해결해 가면서 다시 한 번 읽어보기 때문에 내용이해가 더욱 확실히 됩니다. 물음표가 있는 질문은 절대 무시해서는 안 된다는 점을 강조해야 합니다.

이러한 질문은 학습목표, 주제, 본문내용, 탐구활동, 문제 등등 여러 곳에서 등장합니다. 어느 곳에서라도 질문이 나오면 반드시 답을 해야 한다는 생각이 머릿속에 저장되어 있어야 합니다. 질문이 중요한 또 다른 이유는 질문에 대한 답을 적극적으로 찾는 과정 속에서 여러 생각을 하게 되고 사고력을 발달시키게 된다는 데 있습니다.

국어의 경우, 질문은 작품의 오른쪽이나 왼쪽에 자주 등장합니다. 이것을 '작품 날개 문제'라고 합니다. 이러한 날개 문제는 주로 작품 이해능력을 테스트합니다. 물론 작품을 읽고 해결하는 학습활동은 대부분 질문으로 되어 있습니다.

사회와 과학은 주제나 탐구, 실험활동에 자주 등장합니다.

수학은 문제 자체가 질문인 셈이죠. 또는 단원 앞부분의 '생각 열기'를 통해 질문할 때도 있습니다.

모든 질문은 하나의 시험문제라고 생각하고 대해야 합니다.

한 과목만 예를 들어보겠습니다. 4학년 과학에서 '화산'을 배웁니다. 주제가 어떤 형태로 되어 있는 지를 살펴봅시다.

<화산이 분출할 때 나오는 물질은 무엇일까요?> 입니다.

주제 자체가 질문입니다. 공부를 하고나서 이 질문내용에 나름대로 요점을 메모해 놓도록 지도합니다. 이런 질문의 답은 시험에서 '보기'로 또는 '선택지'로 얼마든지 재구성되어 나올 수 있기 때문입니다. 선택지라는 말이 어려운가요? 시험문제에 있는 ①②③④⑤, 이것을 공식 용어로 선택지라고 합니다. 질문에 대한 답은 노트필기하면서 그때그때 정리해 놓으면 훌륭한 시험 준비가 됩니다.

4) 사고력 쑥쑥 올리는 '생각하는 활동'

교과서에 등장하는 '활동'은 무척이나 중요합니다. '개념'과 마찬가지로 이것이 중요한 이유는 2장에서 자세히 설명합니다. 여기서는 핵심적인 내용만 언급하겠습니다.

교과서에 등장하는 생각하는 활동은 주로 탐구활동을 말합니다. '~해 봅(합)시다' 형태로 되어 있습니다. 앞에서 보았던 학습목표의 형태와 유사합니다. 학습목표가 대개 단원 시작할 때 나오는 반면에, 생각하는 활동은 주로 본문에서 다루어집니다. 예를 들면, '설명해 봅시다, 조사해 봅시다, 이야기하여 봅시다. 탐구해 봅시다, 알아 봅시다' 등등입니다.

생각하는 활동은 질문과 마찬가지로 정답을 제시하지 않습니다. 학생들이 스스로 해결하라는 의미입니다. 하지만 학생들은 이러한 유형을 굉장히 귀찮아합니다. 왜냐하면 생각을 많이 해야 하기 때문이죠. 이러한 생각하는 활동을 귀찮아하고 편식했을 때 나타나는 후유증은 대단히 큽니다. 마찬가지로 그 이유는 2장에서 설명할 겁니다.

사실상 '생각하는 활동'은 교과서 내용의 절반 가량을 차지할 정도로 분량이 많습니다. 수학 과목 자체는 사고의 학문입니다. 국어 교과서는 학습목표와 작품이해 문제에서, 사회교과서에서는 읽기 자료로, 과학 교과서에서는 실험과 탐구활동 형태로 생각하는 활동을 제시합니다.

'설명합시다'가 나오면 설명해 보아야 하고, '조사합시다'가 나오면 조사해서 메모해 두어야 합니다. 아이가 하기 싫어하고 귀찮아하더라도, 생각하는 활동의 중요성을 인식하고 조금씩 적응할 수 있도록 지도해 주셔야 합니다. 반드시 그래야 합니다.

앞으로 수학교육에서 결과보다 과정 중심의 수업이 강화된다고 합니다. 교육과정이 하도 자주 바뀌어서 교육에 관한 한 정부를 신뢰하지 않는 부모들이 다수입니다. 이 방안은 환영할 만하지만 더 두고봐야 할 일입니다. 앞으로 서술형과 논술형 평가방식이 더욱더 확대되기 때문에, 생각하는 활동을 충실히 해야 합니다. 생각이 없는 공부는 죽은 공부나 마찬가지니까요.

5) 별표 하나, 둘, 셋 선생님 강조 표시

엄마들은 아이들이 학교 수업시간에 어떻게 하고 있는지 궁금할 겁니다. 집중은 하는지, 필기는 하는지, 이해는 하는지, 여러 생각이 많을 겁니다.

자녀가 교실에서 수업 받을 때 담임선생님을 관찰해 보라고 얘기해 주세요. 선생님이 중요한 내용을 강조할 때 어떻게 하는지 말입니다. '아, 우리 선생님은 중요한 내용을 설명하실 때 이렇게 하는 구나.'를 생각해야 합니다. 이것은 선생님마다 강조할 때의 행동이 조금씩 다르기 때문입니다. 어떤 선생님이든지 중요한 내용, 특히 시험으로 낼 내용들은 각자의 방식으로 강조하게 되어 있습니다. 필자인 저 자신도 당연히 그러합니다.

목소리 톤을 높이거나, 잘 들어, 중요한 거야, 밑줄 쳐 등등으로 강조를 합니다. 이때를 놓쳐서는 안 됩니다. 이런 때 가만히 있다는 것은 치명적 약점입니다. 강조의 강도가 약하다면 별표 하나, 강하다면 두 개, 세 개 등으로 구분해 놓는 방법도 좋습니다. '출제', '선강'이라고 적어도 상관없습니다. 출제는 선생님이 직접적으로 시험에 내겠다는 의사를 비친 내용입니다. 선강은 선생님 강조의 약자입니다. 이렇게 선생님이 강조하는 내용은 꼭 알아야 하는 내용이면서 시험과 직결되는 내용이 많습니다.

대체로 학생들은 선생님이 적으라고 하는 내용 이외에는 펜을 들지 않는 경향이 있습니다. 선생님이 강조한다는 느낌이 오면 반사적으로 스스로 펜을 들고 표시해 두어야 합니다. 그렇지 않으면 나중에 어떤 내용을 선생님이 강조했는지 알지 못하게 됩니다. 후회할 때는 이미

평가시험이 끝났을 때입니다. 아이들에게 선생님의 마음을 훔쳐보라고 얘기해 주세요. 선생님의 마음을 가장 잘 읽는 학생이 최고 수준의 학생이 아닐까요.

6) 문자의 또 다른 표현, 이미지 해석

질문부터 하겠습니다.
"교과서에 이미지가 많이 등장하는데, 무엇을 이미지라고 하나요?"

의외로 대답을 못하는 어머니들이 많습니다. 교과서를 매일 보다시피 하는 학생들도 대답을 못합니다. 사진이나 그림 정도를 말합니다. 이미지 공부를 소홀히 해왔음을 의미합니다. 우선 교과서에 등장하는 이미지는 다섯 가지를 말합니다. 사진, 그림, 도표(표), 그래프, 지도입니다. 특히 사회, 과학 과목은 이미지가 중요한 과목입니다. 사회, 과학 시험문제의 40%가 이미지 시험이기 때문입니다. 열 문제 중에 네 문제가 이미지로 시험을 출제한다는 말입니다. 따라서 이미지를 소홀히 해서는 결코 100점을 맞지 못합니다.

내용상 보충하는 가벼운 이미지도 있지만, 개념과 연결시켜야 하는 중요한 이미지도 있습니다. 이러한 이미지에 집중하고 메모해 놓아야 합니다. 이미지의 중요성을 알고 관심을 가지다 보면 어떤 이미지가 중요하고 또 시험에 나올지 예상도 가능합니다.

　일반적으로 학생들은 이미지가 나오면 깊게 생각하지 않습니다.
　예를 들어서 4학년 사회에서 '도시와 촌락'을 배울 때, 촌락 인구의 변화와 도시 인구의 변화가 '도표'로 나옵니다. 이 도표를 통해 내가 어떤 개념을 이해해야 하는지 생각해 보아야 합니다. 단순히 인구가 줄어들고 늘어나는 것만 생각하면 안 됩니다. 도표를 보면서 촌락과 도시의 문제점이 무엇이고, 이를 어떻게 해결해야 하는 지까지 생각을 확장해야 합니다. 이것을 이미지 해석이라고 합니다. 사실 이미지 옆에 이미지에 대한 해석이 글줄로 나와 있는 경우가 많습니다. 이 내용을 잘 요약해서 메모해 놓아야 합니다.

　이렇게 이미지를 해석하는 습관을 들이는 학생과 단순히 그림이나 사진으로 생각하고 넘기는 학생의 차이는 중학교에 올라가서 실력의 차이가 됩니다. 교과서에 등장하는 모든 이미지는 주제와 통하게 되어 있습니다. 글로 된 개념을 좀 더 이해하기 쉽게 이미지로 만들었다고 생각하면 됩니다.

　하나만 더 볼까요.

6학년 과학에서 '여러 가지 기체'를 배웁니다. 이때 호핑볼을 탄 어린이 사진 한 장이 나옵니다. 이때 보통 학생들은 이 사진을 보고 단순히 '재미있겠다'라고 생각합니다. 하지만 이렇게 생각하는 것은 아무 의미가 없습니다. 호핑볼을 타고 있는 어린이 사진을 통해서 '내가 어떤 개념을 알아야 하는가?'라는 생각이 들어야 합니다. 이 사진을 통해 어떤 개념을 설명하고자 하는지 생각해 보아야 합니다.

글줄 설명이 없을 경우에는, 대개 이미지 옆이나 아래에는 짧은 설명이 되어 있으므로 그 내용을 통해 개념을 확실히 이해해야 합니다. 호핑볼은 힘의 크기에 따라 부피가 변한다는 것에 대한 이해를 시켜 주기 위해서입니다. 내용이 어려운가요? 어머니가 내용을 이해할 필요는 없습니다. 아이에게 이미지의 중요성을 강조해 주고 스스로 공부하게 해야 합니다.

내용물이 있는 페트병을 꽉 쥐고 있는 사진도 마찬가지입니다. 페트병을 누르면 공기방울이 생깁니다. 이것을 기체, 힘, 부피 등의 개념과 연결시켜야 합니다.

영어 단어와 문장만 해석하는 것이 아니라 이미지도 해석해야 한다는 것을 강조해야 합니다. 다른 과목도 마찬가지입니다. 글자는 이미지로 상상할 줄 알아야 하고, 이미지는 글자로 해석해 놓을 줄 알아야 합니다.

7) 교과서 문제를 소홀히 하지 않는다

교과서는 문제가 많지 않지만 유형이 다양하게 제시되어 있는 편입니다. 상담해보면 학생들은 문제집 위주로 공부하는 경향이 강합니다. 자녀들은 어떤가요?

하지만 문제집보다 교과서의 개념을 충실히 이해하고, 교과서에 수록되어 있는 문제를 빠뜨리지 않고 풀어 보아야 합니다. 수학의 경우 익힘책은 더 말할 나위 없이 중요합니다. 과학 보조 교과서인 실험관찰도 마찬가지입니다.

이런 활용 방법은 어떨까요. 교과서 문제 중에 다시 풀어보아야 할 문제가 있을 수 있습니다. 이때 식과 답을 교과서에 메모해 두었다면 포스트잇을 활용하는 겁니다. 포스트잇을 쓰는 용도로만 활용하는데, 가려두는 용도로 활용하는 겁니다.

다시 반복해서 풀어 보아야 할 문제의 경우, 식과 답을 포스트잇으로 가려 놓습니다. 그러면 다음에 포스트잇이 가려져 있는 것을 보고 다시 풀어 보아야 할 문제로 생각하게 됩니다. 이것은 문제풀이만이 아니라 주요 개념을 다시 봐야할 때도 마찬가지입니다. 잘 외워지지 않는 개념에 살짝 붙여놓으면 나중에 스스로 테스트하기에도 좋습니다.

이상 공부하면서 꼭 확인해야할 7가지를 알아보았습니다. 이밖에 공부하면서 메모해 두어야 하는 내용들은 다음과 같습니다.

> 1) 자주 혼동되는 내용은 알기 쉽게 메모해 둡니다.
>
> 2) 외워도 자꾸 까먹는 내용이 있습니다. 자주 보면서 잊어 버리지 않도록 합니다.
>
> 3) 문제 푸는데 도움이 되는 내용을 메모해 둡니다.
>
> 4) 교과서에 없는 내용을 메모해 놓으면 나중에 시험대비 공부할 때 유용합니다.

공부하면서 중요한 내용이란?

1) ~에 대해서 알아봅시다
2) 개념 설명된 문장
3) 질문
4) 생각하는 활동
5) 선생님 강조
6) 이미지
7) 교과서 문제

기본 마음가짐, 둘
제대로 이해할 때까지 이해한 것이 아니다

5, 6학년 학생들을 대상으로 수업할 때의 일입니다. 중간에 앉은 남학생 한명이 수업에 집중을 못하는 듯이 보였습니다. 조금 산만했습니다. 하지만 재미있는 이미지를 보여줄 때는 잘 웃습니다. 다시 수업 진도를 나갈 때는 집중력이 흐트러지고 몸을 자주 움직입니다. 창밖을 쳐다보기도 하고 바닥에 흘린 지우개를 주우면서 의자 끄는 소리도 냅니다.

반면에 첫줄에 앉은 여학생 한 명은 수업 내용 하나하나에 주시를 했습니다. 흐트러짐이 없었습니다. 집중력이 뛰어난 만큼 이해도 잘

할 것이라 믿었습니다.

하지만 결과는 그 믿음과 정반대였습니다. 여학생은 수업내용을 묻는 질문에 대답을 잘 못했고, 반면에 산만했던 남학생은 대답을 척척 했습니다. 남학생은 집중을 못하는 것처럼 보였지만 사실 다 듣고 있었습니다. 하지만 집중을 잘하는 것처럼 보였던 여학생은 그저 우두커니 앉아있던 거였습니다. 이것은 무엇을 의미하는 걸까요? 보이는 것이 다가 아니라는 사실입니다.

이런 까닭에 공부에 관한 한 "아이들 말을 믿지 마라."는 황당한 말도 있습니다.

"다 했어?"라고 물어보면 아이들은 대부분 이렇게 얘기합니다.

"다 했어요."

"다 읽었어요."

"다 이해했어요."

이렇게 대답합니다. 다 안다고 합니다. 사실 아이들의 이런 말에 크게 신경 쓸 필요도 없고 열 받을 필요도 없습니다. 아이들의 입장에서 보면 대부분 이렇게 말할 수밖에 없으니까요. 공부할 때 꼭 필요한 두 번째 마음가짐 때문에 꺼낸 이야기입니다.

자녀가 중요한 내용을 찾으면서 공부하는 마음이 숙달되면 여기서 한 단계 더 진행합니다. 그것은 바로 중요한 내용을 이해하는지, 못하는지까지 파악할 수 있도록 합니다. 이해하지 못하는 내용이 무엇인지를 스스로 알고 해결하려는 노력이 있어야 합니다.

　이해력이 과연 무엇인데 그렇게 중요할까요? 아주 간단하게 얘기하면, 이해력이란 언어의 흐름을 파악해 머릿속에 배열하는 능력이라고 할 수 있습니다. 이해력이 좋다는 것은 책을 읽을 때나 선생님의 설명을 들을 때 물 흐르듯이 머릿속에 들어오는 경우입니다. 긴 의미의 문장이나 설명이 어떤 간섭도 없이 머릿속에서 부드럽게 해석이 되는 것입니다.

　반면 이해력이 낮다는 것은 책의 내용이나 선생님의 설명이 툭툭 끊겨서 머릿속에 들어오는 것을 말합니다. 선생님의 개념 설명 또는 긴 독해 글을 받아들이는 데 힘들어 합니다. 그러다 보니 전체 흐름을 빠르게 파악할 수 없는 것이지요. 두 번 세 번 읽거나 듣고 나서야 '아, 그렇구나' 하며 이해하는 겁니다.

　이런 측면에서 이해력은 지능과 밀접한 관련이 있고, 유전적인 요인이 상당부분 작용합니다. 이해력 정도에 따라 교과서의 개념과 원리, 선생님의 설명을 소화해내는 능력이 달라집니다.

　잠시, 아래 도표를 보겠습니다.

	이해	이해 안 됨
중요	(90점~100점) 상위권 이상 중요한 내용을 모두 이해한다	(80점~89점) 중상위권 중요한 내용인데 이해가 안되는 내용이 있다
덜 중요	(60점~79점) 중하위권 대체로 덜 중요한 내용을 이해한다.	(60점 아래) 하위권 덜 중요한 내용도 이해 못 한다

공부하면서 펼쳐지는 상황은 네 가지입니다. 중요한 내용을 이해하는 경우가 있습니다. 중요한 내용인데 이해가 안 되는 경우가 있습니다. 덜 중요하지만 이해가 되는 경우가 있습니다. 마지막으로 덜 중요한 내용인데 이해가 안 되는 경우도 있습니다.

구체적으로 점수대를 가지고 설명해 보겠습니다. 시험 평균점수가 90점 이상인 학생들은 중요 내용을 모두 이해하는 편입니다. 이 학생들은 간혹 실수로 인해 틀리는 경우가 있습니다. 실수를 줄일 수 있도록 해야 합니다.

80점에서 89점 사이의 학생들은 중요한 내용 중에 이해가 안 가는 내용이 있는 경우입니다. 이런 학생들은 자신의 취약한 부분을 집중적으로 공부해야 합니다.

60점에서 79점까지의 학생들은 대체로 덜 중요한 내용들은 이해하고 있는 편입니다. 이 학생들은 기본 개념에 집중해야 합니다.

  60점 아래의 학생들은 공부에 재미가 없어서 덜 중요한 내용도 이해하지 못하는 경우가 많습니다. 아예 기초가 없는 학생들입니다. 게임요소를 결합해서 공부에 점차 재미를 들이도록 해야 합니다.

  여기서 알아야 할 사실은, 같은 시간에 같은 분량을 읽고도 학생들마다 이해 수준이 다 다르다는 겁니다. 구체적으로 그 이유가 어휘력이 약해서 일수도 있고, 사고력이 약해서, 또는 추리력이 약해서 일수도 있습니다.

  일단 이해되지 않는 내용을 파악하고 반복복습하도록 해야 합니다. 조금이라도 이해되지 않는 내용은 표시해 놓는 습관을 들이라고 얘기해 주세요. 대개 학생들은 문자를 읽는데 전혀 장애가 없기 때문에 대충 넘어가는 경향이 있습니다. 그리고 그것을 다 안다고 착각합니다. 그것을 막아야 합니다.

  문자를 읽는 것이 중요한 것이 아니라 사실상 문자의 의미를 이해하느냐가 중요합니다. 문자의 의미를 이해하는지 생각하면서 읽는 습관이 있어야 합니다. 이해력이 낮다면 문장을 천천히 읽어가며 정성을 들이라고 하세요. 무조건 빨리 읽으려고만 하지 말고요. 마음이 급해 빨리 읽기만 하는 데서 문제가 시작됩니다.

한 가지 팁을 드리겠습니다. 처음 한두 번은 이해가지 않더라도 하루 쉬었다가 다음날 다시 읽다 보면 이해되는 경우가 있습니다. 자녀가 수학 문제풀이 진도가 더 이상 안 나갈 때는 역사 공부를 한 다음에 수학 공부를 하게 하면 좀 더 수월할 겁니다. 아니면 아예 좀 쉬었다가 하는 겁니다. 이것은 일종의 두뇌작용입니다. 한 가지에 몰입해서 두뇌가 피곤해 할 때는 나중에 하라는 겁니다. 그러면 이해되는 경우가 종종 생깁니다.

다시 확인하겠습니다. 아이들이 밥을 먹을 때 '흘리지 말아야 한다', '골고루 먹어야 한다'며 식사 예절을 가르치는 것처럼, 공부도 두 가지 기본 마음가짐이 있다는 것을 알려주어야 합니다. 첫째, 중요한 내용을 찾으려는 노력입니다. 둘째, 이해 안 가는 내용을 알아내는 노력입니다. 이 두 가지가 절대적으로 필요합니다.

앞에서 노트정리 사례를 말씀드렸는데, 노트정리를 보기 좋게 하는 학생 중에 성적이 오르지 않는 학생은 정작 중요한 내용과 자신이 이해하지 못하는 내용을 충실하게 정리하지 못했기 때문에 원하는 점수를 얻지 못하는 것입니다. 중요한 내용과 이해 안 가는 내용으로 채워져야 훌륭한 노트가 됩니다. 이것은 노트정리만이 아니라 교과서에 표시하고 메모할 때도 그대로 적용됩니다.

중요한 내용과 이해 안 가는 내용에 각각 별표나 물음표 등으로 기호를 정해 표시하고 메모해야 합니다. 메모한 것에 집중해서 공부해야 합니다. 계획 했던 읽기를 마쳤다면 읽은 내용 중에 중요한 내용과 이해 안 된 내용이 무엇인지 확인해야 합니다. 이것이 공부의 기본 정석입니다.

지금까지 얘기한 내용을 이미지로 보여드리겠습니다. 공부의 핵심을 알기 쉽게 정리하면 아래와 같습니다. 잊지 않아야 합니다. 중요한 내용을 찾고, 그 중요한 내용을 잘 이해하고 있는지 집중하고 확인하면서 공부해야 한다는 사실을요.

● **공부를 시작할 때의 마음 가짐 - 중요와 이해** ●

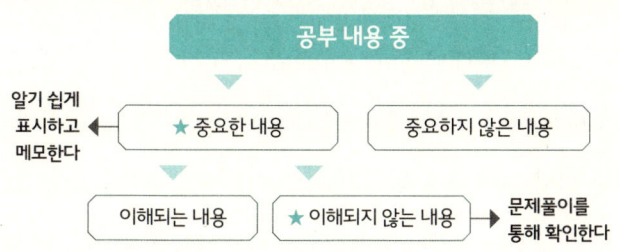

이해력은
충분히 기를 수 있다

이해력에 대해서 조금 더 얘기하겠습니다.

암기력이 좋은 6학년 남학생이 있었습니다. 평소 암기능력이 좋아 짧은 시간 안에 주어진 목표를 암기해냅니다. 자기가 관심 있는 부분은 이해하고 설명하는 능력도 우수했습니다. 이 학생의 학습 단점이라면, A와 B를 연결시키거나 조금만 응용하면 어려워한다는 겁니다.

예를 들면, 6학년 과학 '날씨의 변화' 단원에서는 안개와 구름을 배웁니다.

> A <안개는 공기 중의 수증기가 지표면 근처에서 응결하여 공기 중에 떠 있는 현상을 말합니다.>
>
> B <구름은 수증기가 높은 하늘에서 응결하여 작은 물방울 상태로 떠 있는 것을 말합니다.>
>
> <6-2과학교과서, 날씨의 변화, p31, (주)금성출판사>

읽으면서 안개도 이해하고 구름도 이해했는데 문제에서 '안개와 구름의 공통점'을 고르는 문제를 해결하지 못했습니다. 공통점은 뭡니까? '수증기'로 되어 있다는 겁니다. 어처구니없게 중학년도 충분히 풀 수 있는 문제를 틀린 겁니다. 왜 틀렸느냐고 물었더니 "아, 그게 그건지 몰랐어요." 라는 대답이 돌아왔습니다.

이런 결과는 안개와 구름을 연관해서 이해하는 과정이 머릿속에서 이루어지지 못한 겁니다. 한 마디로 덤벙대고 꼼꼼하지 못한 것이죠. 개념 간의 연관관계를 소홀히 해서 생긴 결과입니다.

수학의 경우도 다르지 않았습니다. 열 개의 틀린 문제를 확인하게 한 후에 다시 풀게 했습니다. 그랬더니 다섯 개 밖에 맞지 못했습니다. 그동안의 오답풀이 습관이 어떠했는지를 알 수 있습니다. 매번 문제를 풀긴 풀지만, 이해하지 못한 내용을 소홀히 한 겁니다.

자, 어머니들께 간단한 질문 하나 해 보겠습니다. 공부한 내용 중에 어떤 것은 이해 가고, 어떤 것은 이해 안 가는지 스스로 파악할 수 있어야 공부의 발전이 있습니다. 이것을 어떻게 하면 알 수 있을까요?

가장 쉬운 방법은 문제를 풀어 보면 됩니다. 문제를 풀어 보면서 '아, 내가 이런 내용을 이해하지 못했구나'를 생각하고 확인할 줄 알아야 합니다. 어머니들은 이 부분을 강조해 주어야 합니다. 답만 맞히면 하수입니다. 이것이 앞에서도 강조했던 '생각하는 공부'의 하나입니다. 즉 문제를 풀면서도 생각의 중요성을 강조하세요.

앞에서 이해력이 지능과 관련이 있다고 했습니다. 설사 그렇더라도 이해력은 길러집니다. 이해하는 힘은 속도와 학습량에 절대적으로 영향을 미치기 때문에 반드시 훈련으로 이해력을 높여야 합니다. 여기서 두뇌 과학적으로 이해력을 높이는 방법을 설명하지는 않겠습니다. 실질적으로 공부하면서 스스로 확인하고 실천할 수 있는 방법이어야 합니다.

공부하면서 이해력을 높이는 또 하나의 중요한 방법을 소개합니다. 이해되지 않았던 내용이 이해가 되었다면, 전에 무엇 때문에 이해를 못했는지 이유나 이해의 과정을 메모해 놓는 겁니다. 이것이 꼭 필요합니다.

자녀가 문제집을 풀다가 틀린 문제가 나왔을 때, 교과서를 펼치게 합니다. 그리고 틀린 문제에 해당하는 교과서 내용을 찾아가서 확인하고 그 부분에다가 메모해 놓게 합니다.

예를 들면 이렇습니다. 과학 문제집을 풀다가 어렵게 푼 문제나 틀린 문제가 나오면 거기서 그치지 말고, 교과서의 해당 부분을 찾아가서 틀린 이유를 이해합니다. 그 부분에 기호로 표시해 놓고 메모해 둡니다. '아, 여기가 틀렸던 내용이구나.'를 생각할 수 있도록 샵(#) 표시나 ※(당구장) 표시를 해 놓습니다. 그리고 여백에 틀린 이유와 미처 생각하지 못했던 내용, 추가로 알게 된 내용 등을 메모해 놓습니다. 노트 정리를 하는 과목이면 노트에 해도 좋습니다. 포스트잇을 활용한다면 포스트잇에 메모하고 붙여 놓아도 좋습니다.

한 과목 더 예를 들어보겠습니다. 4학년 과학에서 '화산과 지진'을 배웁니다. 화강암과 현무암의 알갱이를 비교하는 문제를 풀다가 틀렸을 경우입니다. 이때 교과서의 '화강암과 현무암 관찰하기' 부분을 찾아가서 무엇을 몰라 틀렸는지 알아보고, 여백에 기호를 표시하고 메모해 놓습니다.
이렇게 해 놓으면 됩니다.

〈화강암은 알갱이가 크다. 현무암은 마그마가 빠르게 식어서 굳는다-땅밖, 용암, 공기접촉으로. 화강암은 마그마가 서서히 굳어 식는다-땅속, 천천히 식는다, 시간 충분해서 큰 결정이 만들어진다〉

또 다른 예를 들면, 6학년 사회에서 '북반구'를 배웁니다. 북극권에 대한 설명으로 올바른 것을 고르는 문제를 풀다가 틀린 경우도 마찬가지입니다. 북극권에 백야현상이 나타나는 계절이 여름인지 겨울인지 헷갈려서 틀렸다면 이렇게 합니다.

교과서의 '북극권' 부분을 찾아가서 〈북극권의 여름에는 하루 종일 해가 지지 않는 백야현상이 나타난다〉에 밑줄을 치고, '여름' 위에 샵 표시나 당구장 표시를 해 둡니다. 그리고 '겨울×'라고 메모를 합니다. 그리고 나서 북극권의 특징을 다시 복습하면서, 특징들에 번호를 붙이고 형광펜을 칠하거나 밑줄을 쳐 놓습니다.

〈①여름에 백야현상, ②작물 재배×, ③이누이트족-개 썰매, 물고기, 바다표범, 순록 사냥, 전통집은 이글루〉

이런 식으로 말입니다.
아래 정리된 이미지를 통해 지금까지의 내용을 다시 확인하시기 바랍니다.

이해의 힘 기르기

교과서
―
공부하면서 이해 안되는 내용 체크
▼
복습하면서 이해
▼
이해 안 되는 이유, 이해 과정 메모

문제집
―
틀린문제
▼
교과서 해당 부분을 찾아간다
▼
기호 표시
▼
틀린 이유, 새롭게 알게 된 내용 메모

Chapter 02

엄마가 알면 더 높이 올라가는 아이의 공부 날개

공부 잘하려면 두 가지만 알면 된다

모든 아이들이 공부해서 법률가,

의사가 되어야만 하는 것은 아닙니다.

모든 아이들은 생각하는 공부를 해야만 합니다.

명문 중·고·대학교에서 원하는 아이로 키우는 엄마의 공부 기준

우리나라는 좋은 중학교, 좋은 고등학교, 좋은 대학교에서 시험을 통해서 학생을 뽑는 기준이 있습니다. 그 기준을 정리하면 두 가지입니다.

첫째, '교과과정에서 배우는 개념을 얼마나 이해하고 있느냐'입니다.
개념이해를 말하는 겁니다. 초등학교 때 어떤 방법으로 개념을 익혀야 성공적인 교과과정을 수행할 수 있는지는 다음 주제에서 자세하게 설명하고 있습니다.

각 학년에서 배워야 하는 교과과정의 핵심을 한눈에 볼 수 있는 사이트를 소개해 드리겠습니다. 여태껏 어머니들 중에 이 사이트를 알고 계시는 분이 거의 없었습니다. 필자는 학부모 강의 때 이 사이트를 소개해 줍니다. 가장 최근의 정보를 얻을 수 있는 곳입니다.

한국교육과정평가원이 운영하는 '국가교육과정 정보센터'에 들어가면 우리나라 교육과정을 볼 수 있습니다. 하단에 있는 우리나라 교육과정에서 시대/차수별, 학교별, 영역/교과목별을 볼 수 있습니다. 여기서 영역/교과목별을 클릭하면 각 학년에서 어떤 개념을 알고 공부해야 하는지 정리가 잘 되어 있습니다.

들어가서 '2009 개정시기'를 클릭하고, '내용의 영역과 기준'을 클릭합니다. 학년군별 성취기준은 개략적인 내용이고, 학습내용 성취기준은 좀 더 세부적인 내용입니다. 다운로드가 가능하기 때문에 다운 받아서 보면 더욱 실용적입니다. 보다 깊이 있는 지도를 하고자 하는 어머니에게는 유용할 겁니다.

교과서의 각 단원에서 핵심적으로 알아야할 내용이 정리되어 있고, 각 단원을 구체적으로 설명해 줍니다.

예를 들면 초등학교 3~4학년 군에서 '수와 연산' 단원에 등장하는 〈용어와 기호〉도 친절하게 나열되어 있습니다. 이뿐 아니라 가르치는 선생님 입장에서 〈교수·학습상의 유의점〉을 통해 효과적인 지도 요령도 정리해 주고 있습니다. 잘 보시면 무엇을 어떻게 가르쳐야 하는

지가 보입니다. 어떤 개념을 알아야 하는지 명확히 알 수 있습니다.

과학도 마찬가지입니다. 단원의 개요를 설명하고 '학습내용 성취기준'을 통해 공부 방향을 명확히 알 수 있습니다. 또한 어떤 내용을 탐구해야 하는지도 나와 있습니다.

이밖에 다른 과목도 마찬가지로 사이트에 들어가면 좀 더 자세히 파악할 수 있습니다. 이렇게 국가에서 제공하는 사이트를 통해 각 학년마다 우리 아이가 공부해야 하는 개념을 명확하게 알 수 있습니다. 중학교 과정과 고등학교 과정도 있기 때문에 대학 입학 전까지 활용도가 높습니다. 이 사이트를 즐겨찾기 해 놓으시고 가끔 가다가 한 번씩 방문해 보세요.

자, 이제 명문, 중·고·대학에서 선호하는 학생의 기준 두 번째를 알아볼 차례입니다.

둘째, 사고력입니다. 즉 생각하는 능력을 말합니다.

고등학교 모의고사와 대학수학능력시험은 사고력 시험이기 때문에 생각하는 능력이 떨어지면 절대 원하는 학교에 진학할 수 없습니다. 초등학교 때부터 이 부분의 기반을 잘 다져야 중학교에 올라가서도 뒤처지지 않고 공부할 수 있습니다.

개념이해와 생각하는 능력을 동시에 키워줄 수 있는 공부도구가 있습니다. 그것은 다름 아닌 학교에서 제공하는 교과서입니다. 교과서는 전체적으로 군더더기 없이 개념정리가 잘 되어 있습니다. 좀 더 자세한 내용은 참고서를 활용하면 됩니다. 또한 교과서 내용의 절반이 생각하는 활동으로 되어 있습니다. 따라서 교과서와 친해져야 합니다.

보통 참고서나 문제집으로만 공부하려는 경향이 많습니다. 교과서를 소홀히 하는 자녀가 문제집 두 권을 보고 있다면, 한 권을 줄이고 그 시간에 교과서 보는 눈을 기르는 것이 효과적입니다. 마찬가지로 문제집 문제를 두 번 풀 때, 그 시간에 교과서의 개념을 한 번 더 깊이 있게 생각하고 정리해야 합니다. 그렇게 하고 나서 문제를 풀어도 늦지 않습니다.

사실 성적이 낮은 학생일수록 문제집과 친하고, 성적이 높은 학생일수록 교과서와 친합니다. 교과서를 통해 개념과 생각하는 활동의 두 마리 토끼를 잡아야 합니다. 이것을 이미지로 정리하면 다음과 같습니다.

● 명문 중·고·대학교는 이런 학생들을 원한다 ●

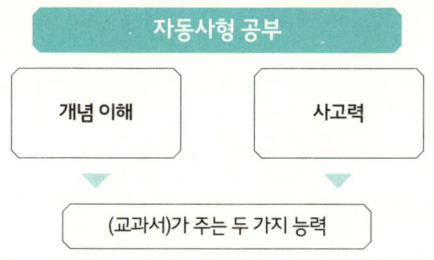

 이제 다음 주제에서 구체적으로 개념이 무엇이고, 또 어떻게 공부해야 하는지 살펴보겠습니다. 이 부분은 너무도 중요하다고 서문에서도 강조했습니다.

핵심 낱말을 잘 엮으면,
개념이라는 날개가 된다

"저런 개념 없는 인간."

"개념이 있는 거야, 없는 거야?"

평소 인간관계에서 이런 말을 종종 합니다. 이때의 개념은 무슨 뜻일까요?

혹은 학교 선생님 입에서, 학원 선생님 입에서도 매일 개념이라는 말이 반복됩니다.

"이 문제는 이 개념이 적용된 문제야."

"이 개념을 알아야 풀 수가 있어."

"이 개념과 이 개념의 차이가 뭔지 알아?"

"이 개념을 몰라서 틀린 거야."

이뿐 아니라 개념이 제목으로 되어 있는 문제집도 여럿 있습니다.

이렇게 수없이 개념이란 말을 듣지만, 개념이 무슨 뜻인지 물어보면 자신 있게 대답하는 어머니나 학생은 극히 드뭅니다. 사실 머릿속에서 그 뜻이 무엇인지 알 것 같아도 말로 정확히 설명할 수 없는 경우가 많습니다. 개념이 무슨 뜻인지 정확히 설명할 수 없다고 공부를 못하는 것은 아니니까요.

"저런 개념 없는 인간" 또는 "개념이 있는 거야, 없는 거야?"에서의 개념은 기본이 안 되어 있다는 말과 같습니다.

"이 문제는 이 개념이 적용된 문제야." 또는 "이 개념을 몰라서 틀린 거야."에서의 개념도 기본이라는 의미가 들어가 있다고 보면 됩니다.

자, 이제부터 확실하게 이해시켜 드리겠습니다. 무엇보다 절대적으로 필요한 공부의 비법을 공개해 드립니다.

필자는 학생들에게 이렇게 물어봅니다.

"소설의 개념이 뭐야?"

"약수의 개념이 뭐야?"

"민주주의의 개념이 뭐야?"

"수평잡기의 개념이 뭐야?"

공부는 많이 했지만 선뜻 대답을 못합니다. 왜 그럴까요? 개념이해 과정에서 생각은 빠져 있고 암기하고 주입하는 방식으로 공부해서 그런 겁니다.

위 4개의 질문에는 공통점이 있습니다. 공통점이 무엇인지 찾아보기 바랍니다. 발견하셨습니까? 개념이 들어갔다고 말하는 어머니도 있을 것이고, 물음표가 있다고 말하는 어머니도 있을 겁니다.

힌트를 드리겠습니다. 조금 더 압축해서 소설, 약수, 민주주의, 수평잡기의 공통점이 무엇입니까?

크게 보지 못하면 네 단어의 연관관계를 찾기가 힘들 겁니다. 필자가 원하는 답은 '낱말'입니다. 모두 낱말로 되어 있습니다.

교과서에 등장하는 개념의 90%는 모두 낱말로 되어 있습니다. 차이는 있지만 낱말을 단어, 용어, 어휘라고도 합니다. 초등과정에서는 일단 이렇게 이해하는 것이 편합니다. 여기서는 주로 낱말 또는 용어라는 말로 표현하겠습니다.

개념이 무슨 의미일까요?

쉽게 얘기하면 어떠한 것의 '정의'라고 할 수 있습니다. 더 쉽게 얘기하면 개념을 익힌다는 말은 '낱말'의 본래 뜻을 이해하는 겁니다. 곧 어휘력과 직결된다고 할 수 있습니다. 어휘력이 부족하면 어떻게 됩니까? 낱말의 본래 뜻을 알아야 이해를 하고 문제를 풀 수가 있는데,

그럴 수가 없겠죠.

　이러한 어휘력을 높이기 위해 강조하는 것이 바로 독서입니다. 어휘력을 높이는 것이 개념이해를 높이기 때문에 독서를 하는 겁니다. 독서는 사고력 등 삶에 꼭 필요한 여러 가지 선물을 주는데, 그 한 가지가 개념공부를 잘하게 하는 겁니다. 독서 하는 이유도 아이들에게 이렇게 설명해 주어야 하는데, 무작정 책만 읽으라고 하는 것은 잘못된 교육입니다. 어휘력이 높아지면 사고력과 이해력이 좋아지고 말도 잘하게 됩니다. 공부의 근본은 낱말에서 온다는 것을 아셔야 합니다. 결국 '공부는 낱말과의 싸움이다.' 이렇게 보셔도 됩니다.

　단순하게 얘기하면 이렇게 말할 수 있습니다. 상위권 이상 학생들은 교과서에 등장하는 낱말의 뜻을 잘 이해하는 것이고, 중위권 학생들은 낱말의 뜻을 터득하는 과정에 있고, 하위권 학생들은 낱말의 뜻을 알지 못한 상태에 있다고 말입니다.

　수업 중에 선생님 설명을 듣고 '아, 그런 뜻이구나'를 이해하면 대체로 개념을 이해했다고 할 수 있습니다.

　소설을 읽고 소설이란 이러이러한 것이라고 이해했다면 소설의 개념을 알았다는 말과 같습니다. 무작정 소설의 개념을 외울 것이 아니라, 여러 작품을 읽으면서 "어떤 소설을 읽어도 소설은 인물이 등장하고 인물 간에 갈등이 일어나네. 재미있는 또는 슬픈 사건도 발생하고,

시간적, 공간적 배경도 알 수 있네."

이렇게 스스로 느끼도록 합니다. 이 정도 느낄 수 있으면 소설의 기본 개념을 안다고 보면 됩니다.

시도 마찬가지입니다. 몇 편의 시를 읽어보아도 공통적인 사실이 있습니다. "짧은 글이고, 운율이 있고 연과 행으로 되어 있네"를 말할 수 있다면 시의 기본적인 개념을 파악하고 있는 겁니다.

자녀들이 집에 오면 한 번 질문해 보세요.
"소설의 개념이 뭘까?" 또는 "시의 개념이 뭘까?" 라고요.

자녀들의 대답이 기대됩니다. "엄마 갑자기 왜 그래?" 하는 학생도 있을 것이고, 진지하게 고민하는 학생도 있을 겁니다. 이러면서 개념이 왜 중요한지 설명해 주고, 아이들과 점차 소통해 가는 겁니다.

한마디로, 교과서에 등장하는 용어의 뜻을 잘 알아야 한다는 것입니다. 용어가 중요하다는 사실을 강조해야 합니다. 개념이 거의 용어로 되어 있으니까요. 그래서 어휘력이 좋은 학생들이 개념이해도 빠른 겁니다.

이제 조금 더 심화해서 이야기를 해 보겠습니다.

교과서에서 한 단원에 한두 개의 개념만 등장하지는 않습니다. 하나의 개념이 등장하고 또 다른 개념들이 등장합니다. 이것이 이우러져 복잡하게 설명됩니다. 그러니까 자녀들이 공부가 쉽지 않고 어렵다고 느끼는 겁니다. 이러한 개념들을 차근차근 이해하고 반복해서 기억해야 합니다.

예를 들면, 수학에서 도형을 배울 때 삼각형, 정사각형, 직사각형, 마름모, 평행사변형을 배웁니다. 삼각형을 배울 때는 예각삼각형, 둔각삼각형, 직각삼각형, 정삼각형, 이등변삼각형 등을 배웁니다.

도형도 하나의 개념이고, 삼각형도 하나의 개념이고, 예각삼각형도 하나의 개념입니다. 상위개념이냐, 하위개념이냐의 차이인 겁니다. 각각의 개념을 이해하는 것이 중요합니다. 하지만 여기에 그쳐서는 일정한 점수 이상을 받기 힘듭니다. 사실상 각 개념의 공통점, 차이점을 묻는 문제가 많습니다. 즉 개념의 비교를 잘 이해하고 정리를 해 놓아야 합니다.

예를 들면, 시험은 정사각형과 직사각형의 공통점과 차이점을 아느냐는 문제가 많습니다. 정사각형의 개념도, 직사각형의 개념도 알아야 하지만 두 개념 간의 비교를 이해해야 합니다. 예각삼각형과 둔각삼각형도 마찬가지입니다. 내각의 합이 180도라는 공통점이 있지만, 중요한 차이점도 있습니다. 개념 간의 공통점과 차이점을 깊이 생각할 수 있도록 지도해야 합니다.

개념의 이해를 위해서 교과서의 차례(=목차=주제)에 대해 얘기를 해 보겠습니다. 교과서의 차례가 중요하다고 앞에서도 강조했습니다. 교과서의 주제가 왜 중요합니까? 이것을 알아야 합니다. 주제는 대체로 핵심어를 포함하고 있습니다. 그러면 다시 질문하겠습니다.

"주제에 포함되어 있는 핵심어가 곧 무엇을 뜻하는 겁니까? 반드시 알아야 하는 무엇입니까?"

고민이 될 겁니다. 센스 있는 어머니는 뭔가 말하고 싶은 게 있을 겁니다. 바로 개념입니다. 주제에 있는 핵심어는 꼭 알아야 하는 개념입니다. 그래서 교과서 주제가 중요하다는 겁니다.

눈으로 확인해 보겠습니다. 4학년 사회에서 '경제생활과 바람직한 선택'의 주제를 나열해 보면 다음과 같습니다.

대주제 : 경제생활과 바람직한 선택

소주제 1) 현명한 선택

소주제 2) 생산 활동과 직업의 세계

소주제 3) 가정의 살림살이

소주제 4) 소비자의 권리와 책임

<4-2사회교과서, 경제생활과 바람직한 선택, p7, 두산동아(주)>

설명하기 전에 한 가지 확인하고 싶은 것은, 어머니가 보기에도 어렵지 않으십니까? '우리 아이가 저걸 이해할 수 있을까?'라는 염려가

들 겁니다. 주제만 적어 놓고 봐도 머리가 어질어질합니다. 그래도 주어진 조건은 다 똑같으니까 어머니들이 이런 부분에 신경을 써서 지도해야 합니다. 조금 더 잘할 수 있는 방법이 있으니까요.

대주제의 핵심어가 무엇입니까? 경제생활입니다. 이것이 곧 개념입니다. 이 단원을 공부한 후에 '경제생활'이 무엇인지 어렴풋이나마 설명할 줄 알아야 합니다. 아무런 설명을 못하면 단순히 글자만 본 겁니다. 아주 위험한 읽기방식입니다.

소주제를 볼까요. 몇 개의 용어들이 보입니다. 선택, 생산 활동, 살림살이, 소비자, 권리, 책임 등등입니다. 쉬운 용어도 있고 생각해야 하는 용어도 있습니다. 이러한 용어들이 대체적으로 공부해야할 (소)개념입니다. 그리고 교과서에는 본문과 탐구활동, 이미지를 통해 단원에서 알아야 할 연관용어를 제시하고 있습니다.

예를 들면, 위의 '소주제 1) 현명한 선택'에서는 자원과 돈이라는 또 다른 관련용어들이 등장합니다. 고학년이 될수록 용어의 난이도가 높아집니다.

이번에는 6학년 사회교과서의 주제를 보겠습니다.

> 대단원 : 우리나라의 민주정치
>
> 　중단원 1 우리생활과 민주주의
>
> 　　소단원 1) 생활 속의 정치
>
> 　　소단원 2) 민주주의의 의미
>
> 　　소단원 3) 우리나라의 민주화 과정
>
> 　　소단원 4) 정치참여의 중요성과 참여 방법
>
> 　　소단원 5) 일상생활 속의 민주주의
>
> <6-2사회교과서, 우리나라의 민주정치, p10~18, 두산동아(주)>

　이렇게 주제만 써 놓고 봐도 전체적으로 보면 무슨 개념을 공부할지 어렴풋이 정리가 됩니다. 핵심어를 찾아보겠습니다. 대단원 '우리나라의 민주정치'에서 핵심어는 무엇입니까? 민주정치입니다. 민주정치가 반드시 알아야할 개념입니다.

　만일 이 단원을 공부한 다음에 민주정치에 대해서 설명할 수 없다면 글자만 본 겁니다. 생각을 하고 의미를 이해하면서 공부한 게 아닙니다. 자녀들과 이러한 부분을 많이 얘기하시기 바랍니다. 이밖에 민주주의, 민주화 과정, 정치참여 등의 핵심어를 이해해야 합니다. 공부해야 할 개념들입니다.

　이번에는 수학을 가지고 설명해 보겠습니다. 앞에서 <도형 - 삼각형

- 예각, 둔각, 정, 이등변, 직각삼각형> 구조로 되어있다고 했습니다.

　예를 들면 자녀가 둔각삼각형 문제를 틀리는 경우에 둔각삼각형의 개념을 몰라서 틀렸을 수도 있지만, 둔각삼각형의 상위개념(아빠개념)인 삼각형의 개념을 몰라서 틀렸을 수도 있습니다. 또는 삼각형의 상위개념인 도형의 기본 개념 자체를 몰라 틀렸을 수도 있습니다. 따라서 둔각삼각형 문제를 거듭 틀렸을 때는 기본적인 상위개념인 삼각형, 도형을 다시 이해해야 합니다. 이것은 아주 중요한 문제입니다. 잘 기억해야 합니다.

　아빠개념도 알아야 하지만 친구개념(=연관개념=비교개념)도 알아야 합니다. 둔각삼각형의 친구개념은 무엇입니까? 예각삼각형, 정삼각형, 직각삼각형, 이등변삼각형입니다. 이렇게 개념을 아빠개념, 친구개념과 연결시켜 정리하면 전체와 부분을 보는 이해가 커집니다. 개념을 전체적으로 볼 줄 알아야 합니다.

　이것을 이미지로 정리해 보겠습니다.

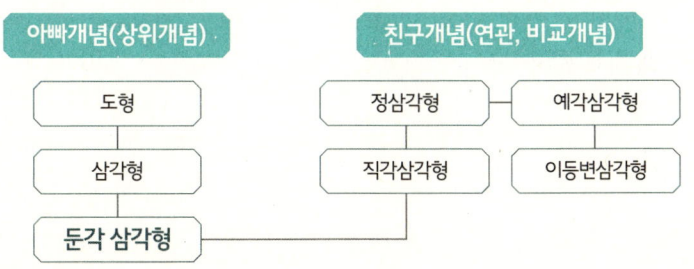

국어도 마찬가지입니다. 국어에서 소설의 아빠개념은 무엇입니까? 문학입니다. 문학의 개념은 '언어로 되어 있는 모든 종류의 글'을 뜻합니다. 여기서 언어란 글자만이 아니라 음성도 포함합니다.

자, 그렇다면 소설의 친구개념은 무엇입니까? 시, 동화, 설명문, 논설문, 기행문, 전기문 등등입니다. 이런 식으로 정리하는 것을 개념도 정리라고 합니다.

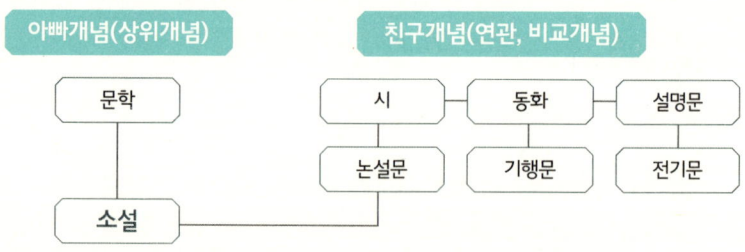

사회를 보겠습니다. 법원이 하는 일을 배웁니다. 법원의 하위개념은 민사재판, 형사재판입니다. 그럼 법원의 상위 개념은 무엇일까요? 민주주의 기관입니다. 법원의 친구개념은 무엇일까요? 국회, 정부입니다. 대단히 명쾌합니다.

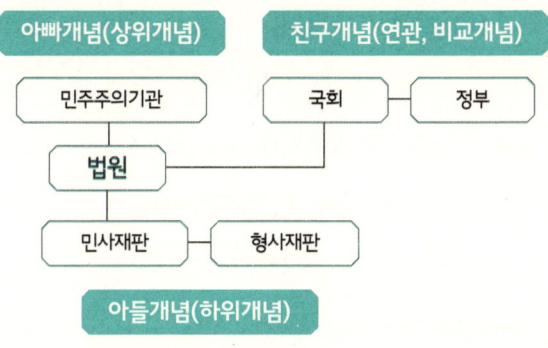

이렇게 마인드 맵을 그리듯이 정리한 것이 개념도입니다. 공부를 잘하려면 개념도가 머릿속에 잘 정리되어야 합니다.

◆ 꼭 기억해야 할 4가지

첫째, 교과내용에 등장하는 용어의 뜻을 안다.
둘째, 용어들 간의 비교를 잘한다. 즉, 공통점과 차이점을 안다.
셋째, 교과서 주제는 핵심어, 즉 개념을 포함하고 있다.
넷째, 개념도로 이해한다.

그렇다면 노트나 교과서에 개념을 정리할 때 어떻게 해야 할까요? 효과적인 방법이 있습니다. 하나의 개념을 정리할 때 장황하게 쓰지 않습니다. 번호를 매겨서 한 문장씩 간단하게 정리해 갑니다. 항상 각 과목의 어떤 단원을 배우든지 이 단원에서 알아야 할 개념을 정리해야겠다는 생각을 가지게 해야 합니다.

앞에서 말했던 소설 개념을 정리해 보겠습니다. 교과서 소설 작품의 한쪽 또는 노트도 좋습니다. 포스트잇도 좋습니다. 이렇게 코칭합니다.

> ◆ 소설의 개념
> ① 세상에 있을 법한 꾸며낸 이야기, 즉 허구다.
> ② 인물이 등장하고, 인물들 간의 갈등이 일어난다.
> ③ 사건이 발생한다.
> ④ 시간적 배경, 공간적 배경이 있다.

이렇게 정리하는 겁니다. 처음에 아는 만큼 적어 놓도록 합니다. 실력이 쌓이면 쌓일수록 적을 게 많아집니다. 소설을 배울 때마다 소설의 개념을 생각하게 합니다. 얼마만큼 아는지 적어 보게 합니다. 개념을 설명하는 주요 핵심어에는 밑줄이나 박스를 쳐도 좋습니다. 설명을 못하는 것은 제대로 이해가 안 된 거니까 빨간색으로 언더라인을 해 놓고, 그것을 파고 들어가면 됩니다. 선생님이 개념을 설명해 줄 때 잘 메모하고, 자습서를 활용해서 이해하고 정리해야 합니다.

하나 더 예를 들면, 수학에서 소수의 개념을 정리할 때도 마찬가지입니다.

> ♦ 소수의 개념
> ① 소수점이 있다. ex) 0.3 / 2.5 / 5.4
> ② 자연수가 아니다.
> ③ 자연수와 자연수 사이의 수다.
> ④ 작은 수다.

처음에는 아는 만큼 정리하고 공부를 하면서 보충하면 됩니다. 간략하게 정리하고 그것이 맞는지를 증명하면 됩니다. 이렇게 하면 개념공부가 훨씬 수월합니다. 새로운 개념이 등장할 때마다 주제 옆에 하나씩 메모해 두는 것도 좋은 방법입니다. 문제를 풀다가 새로운 개념을 알게 되면 연관되는 주제 옆에 메모를 합니다.

수학은 사실상 어려운 문제라는 것도 기본 개념을 섞거나 한 번 비틀어서 낸 겁니다. 틀린 문제 하나씩이라도 매일 오답을 정리해 나가면 좋습니다. 틀린 이유 속에서 잘 이해하지 못했던 개념을 이해하고 정리하는 습관이 필요합니다.

다소 긴 시간을 읽어왔습니다. 이제, 정리해 보겠습니다.

> 1) 각 교과에 등장하는 용어의 뜻과 용어 간의 공통점, 차이점을 잘 이해합니다.
> 2) 주제에 포함된 핵심어, 즉 개념을 파악합니다.
> 3) 아빠개념, 친구개념의 개념도를 그려봅니다.
> 4) 개념정리는 번호를 매겨서 한 문장씩 정리해 갑니다.

이렇게 개념 공부한다면 공부에 대한 두려움이 많이 없어질 겁니다. 사실상 많은 내용을 얘기한 것 같지만 그 기본 바탕은 딱 두 글자를 강조한 겁니다. 이제 그것이 무엇인지 알겁니다. 그것은 바로 '용어'입니다. 용어의 뜻을 제대로 알아야 한다는 겁니다. 점수로 매긴다면 용어(=개념) 이해만 잘해도 80점은 무난히 맞을 수 있습니다.

'생각'하는 날개가 없다면
그 자리에 머무르게 된다

공부하는 데 있어서 스스로 생각하면서 공부하는 일이 얼마나 중요한 지 사례를 들어 얘기하겠습니다.

딸 하나, 아들 하나를 둔 엄마가 있었습니다. 딸과 아들의 나이 차이는 다섯 살입니다. 엄마는 딸이 초등학교에 입학하자마자 옆에 끼고 가르치기 시작했습니다. 초등 과정은 충분히 가르칠 수 있다고 생각했으니까요.

딸에게 수학 풀이과정을 설명하면서 이렇게 해야 한다며 일일이 설명해 주었습니다. 3학년에 올라가서 배우는 사회, 과학도 2학년 겨울 방학 때 읽게 했습니다.

딸이 시험 보는 날이면 엄마는 조마조마했습니다. 시험은 떨지 않고 잘 치루는 지, 배운 내용을 잊어 버리지 않고 답은 잘 쓰는지 딸보다 엄마가 더 걱정했습니다. 딸이 시험을 보고 집에 오자마자 엄마는 시험지부터 꺼내게 하고 틀린 문제를 점검했습니다.

"이거 풀었던 건데 틀리면 어떻게 해."

"사회 이건 왜 틀렸어? 이 문제는 어제 엄마하고 외웠던 거잖아."

이런 식으로 딸을 다그쳤습니다. 엄마는 딸이 시험 보는 날이면 평소의 엄마가 아니었습니다.

이제 딸이 4학년을 거쳐 5학년이 되었습니다. 딸이 고학년이 되었을 때 엄마는 눈물 흘리는 날이 많아졌습니다. 왜 그럴까요? 엄마는 자신의 경솔함을 후회했습니다. 그리고 딸에게 무척 미안한 마음을 가졌습니다. 그 이유는 자신이 딸의 생각을 망쳐놨다는 것. 시간을 돌릴 수만 있다면 좋으련만 그럴 수 없는 것이 한탄스러웠습니다.

딸은 학년이 올라갈수록 수동적이 되었습니다. 충분히 혼자 할 수 있는 일도 엄마에게 의지하는 겁니다.

"엄마가 문제 내줘 봐."

"엄마 이거 잘 모르겠어. 풀어 줘."

늘 이런 식이었습니다. 사회, 과학 과목은 스스로 해도 충분할 텐데,

"이거 무슨 뜻이야?"

"이거 잘 안 외워져."

"이건 어떻게 해야 돼?"

늘 이렇게 엄마를 찾았습니다. 스스로 할 생각을 안 했습니다.

이런 딸의 모습에 자신의 행동이 얼마나 이기적이었는지 후회한 겁니다. 딸이 이렇게 된 것이 자기 잘못이라 여겼습니다. 딸은 이미 엄마 없이는 아무 것도 할 수가 없었습니다. 스스로 생각하고 행동할 수 없던 거였죠.

방법만 알려 주고 스스로 생각하고 찾게 하지 않고, 하루 종일 끼고 가르치려 했던 경솔함의 결과였다고 생각한 겁니다.

그 이후 엄마는 딸이 스스로 생각할 수 있도록 두 배, 세 배 노력을 했습니다. 또한 아들만큼은 그렇게 교육시키지 않겠다고 다짐했습니다. 적당히 코치만 해 주고 스스로 할 수 있도록 교육을 시켰습니다. 그러자 아들은 커 가면서 자립심이 누나보다 훨씬 강해졌습니다.

공감이 가시나요? 엄마가 커 가는 아이의 생각을 제한하고 지배하는 것만큼 위험한 일은 없습니다. 이번 주제가 생각에 대한 것이고, 생각을 키워주자는 뜻에서 사례를 들어봤습니다.

이제 계속 진도를 나가겠습니다.

이왕 공부하는 거 100점 맞아야 하지 않겠습니까? 80점으로 만족

할 부모와 학생은 없을 겁니다. 그러면 나머지 20점은 어디서 얻을 수 있을까요? 그것은 바로 교과서에 등장하는 '활동'입니다. 즉 생각하는 활동이죠. 여기서의 20점은 단순한 20점이 아닙니다. 공부에 희망을 심어 주고 웃음 짓게 해 주는 200점과 같은 역할을 합니다. 그 정도로 중요합니다.

1장에서 개념과 함께 생각하는 활동이 너무도 중요하다고 강조한 것을 기억할 겁니다. 이제 왜 그런지를 설명하겠습니다.

생각하는 활동 표현은 '~~해 봅시다' 형태로 되어 있다고 앞에서 얘기를 했습니다. '생각해 봅시다, 조사해 봅시다, 설명하여 봅시다, 이야기하여 봅시다, 탐구하여 봅시다' 등등 많습니다. 보통 탐구활동이라고도 합니다. 생각하는 활동은 정답을 안 줍니다. 왜냐하면 학생들이 스스로 해결하라는 뜻으로 교과서를 만든 분들이 내 준 숙제이기 때문입니다. 학생들의 생각하는 힘을 높여주기 위해서 전략적으로 만들어 놓은 겁니다. 교과서의 절반을 차지하는 상당한 양이고 서술형 문제의 근간이 되는 동시에, 사고력을 높여주는 아주 중요한 내용들입니다.

하지만 대개 학생들은 이러한 활동들을 귀찮아하고 싫어합니다. 왜냐하면 생각을 깊게 해야 하기 때문이지요. 중요성을 모르기도 하고요. 아직도 초등학교와 중학교 시험은 주입식, 암기식 문제가 많습니다. 서술형 문제가 늘어가고는 있지만 용어이해를 하고 조금만 열심히 하면 웬만큼 점수가 나옵니다. 하지만 용어 이해 수준에서만 머물러서는 낭패를 보기 십상입니다. 이러한 낭패를 당하지 않기 위해서라도 생각하는 활동을 소홀히 해서는 안 됩니다.

자녀가 중학교 올라가서 공부에 흥미를 붙이기 위해서는 초등학교 때 생각하는 활동을 미리미리 챙겨야 합니다. 만일 생각하는 활동을 등한시하고 중학교에 올라간다면, 많아진 학습량을 감당하기도 힘들고 따라가기 힘들게 됩니다. 설사 중학교 때까지는 어떻게 버텨서 성적이 크게 떨어지지는 않더라도, 고등학교에 올라가서 모의고사를 통해 문제점이 확 드러나게 되어 있습니다. 고등학교 모의고사는 대학수학능력시험 형태로, 사고력 없이는 접근하기 어렵기 때문입니다. 대학입학시험의 형태가 어떻게 변하든, 생각하는 힘을 기르는 방향은 변하지 않을 것으로 예상합니다. 왜냐하면 선진국의 입학시험이 그러하기 때문입니다.

따라서 교과서에 등장하는 생각하는 활동을 무시해서는 절대 안 됩니다. 설명하라고 하면 설명해야 하고, 조사하라면 조사해서 메모해 놓아야 합니다. 이야기하라고 하면 이야기해야 합니다.

개정 교과서를 보면 수학의 경우, 교과서 외에 보조 교과서로 '수학 익힘책'이 있습니다. 국어 교과서는 '국어 교과서' 외에 '국어 활동'이 있습니다. 과학은 보조 교과서로 '실험 관찰'이 있습니다. 사회 교과서는 한 권이지만 그 내용 안에 읽기 자료들이 많이 등장합니다. 흥미용 읽기 자료와, 확장된 내용과 사고를 위한 심화용 읽기 자료가 있습니다. 교과서와 보조 교과서를 최대한 활용해야 합니다.

지금까지 개념이해와 생각하는 활동 내용을 간단히 이미지로 정리해 보았습니다. 아래 이미지를 보며 자녀 공부지도의 방향을 잡기 바랍니다.

100점을 맞기 위한 공부비법

교과서가 주는 두 가지 능력

1. 개념이해

1) 주제에 등장하는 핵심어에 집중한다.
2) 주제의 핵심어가 곧 알아야 할 개념이다.
3) 교과서에 등장하는 개념의 90%는 용어로 되어 있다.
4) 각각의 개념을 이해하고 개념간의 공통점, 차이점을 파악한다.
5) 개념의 아빠개념(상위 개념)과 친구개념(연관, 비교 개념)의 개념도를 그려본다.

▼
80점

2. 사고력

1) 교과서의 '생각하는 활동'에 집중되어 있다.
2) ~해 봅시다 형태로 되어 있다.
3) 생각해봅시다, 조사해 봅시다, 탐구해 봅시다, 이야기하여 봅시다 등
4) 이러한 '생각하는 활동'을 등한시한다면 결코 우등생을 지속할 수 없다.

▼
20점

어떻게 보면 공부라는 것은 간단합니다. 교과서에 등장하는 용어의 뜻을 잘 알고, 생각하는 활동을 열심히 하는 게 전부니까요. 참 쉽습니다. 이러한 기본적인 사실 두 가지만 기억하고 자녀의 초등학교 공부에 조금만 노력을 기울인다면 결과가 보이는 성취를 이룰 겁니다. 분명 그러할 겁니다. 왜냐하면 초등학생은 아직 가능성이 너무도 많은 나이니까요. 지금까지 어머니가 반드시 잡아 주어야 할 실질적인 공부능력, 두 가지를 얘기했습니다.

Chapter 03

아이 혼자 하는 자기주도학습은 없다

자기주도학습을 완성시키는 여섯 가지 키워드

♦

♦

공부에는 자동사형 공부가 있고 피동사형 공부가 있습니다.

엄마는 아이가 자동사형 공부를 할 수 있도록 도와주어야 합니다.

자동사적 공부에서 가장 중요한 것은 무엇일까요?

자신감입니다.

엄마가 아이에게 줄 수 있는 가장 큰 선물은 자신감입니다.

♦

♦

스스로 공부하려면
기술과 바탕이 필요하다

10여 년 전부터 공부를 얘기할 때 '자기주도학습' 이라는 말이 유행처럼 번졌습니다. 앞으로도 이 용어는 10년 이상 교육계를 주름잡을 것으로 예상됩니다. 어머니들은 개념이라는 말만큼이나 자기주도학습이라는 말을 귀에 못이 박히도록 들어서 알고 있습니다. 개념과 마찬가지로 자기주도학습이 무엇이냐고 물어보면, 스스로 공부하는 것이라는 정도만 얘기합니다. 사실 그렇게 말고는 얘기할 거리가 없습니다.

학부모나 학생 강의를 하면서, 자기주도학습을 어떻게 설명해야 쉽게 이해시킬 수 있을까 고민을 많이 했습니다. 특히 초등학생 강의는 자칫 지루하고 재미없게 수업이 진행될 우려가 많은 주제입니다. 그렇게 고민하다가 '위대한 발견(?)'을 했습니다. 이 발견을 하고 필자 스스로도 많이 놀랐으니까요. 처음 강의에서 이것을 써 먹어 보았습니다. 그랬더니 반응이 좋았고, 무엇보다 자기주도학습을 잊어버리지 않고 명확히 이해를 했습니다.

사실상 자기주도학습 하는 길은 말 자체에 모두 들어 있습니다. 다음을 보겠습니다.

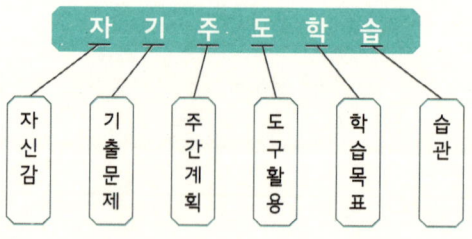

● 자기주도학습의 6가지 열쇠 ●

이렇게 '자기주도학습'의 첫 글자 속에 그 의미가 다 들어 있습니다. 놀라운 일이죠. 필자가 처음으로 이것을 공개해서 호평을 받았습니다. 엄마와 학생들도 쉽게 이해를 하는 덕분에, 강의 시간이 지루하지 않습니다.

그럼 자기주도학습의 '자'부터 시작합니다. 일단 6가지를 모두 알아본 다음에 자세하게 얘기해 보겠습니다.

'자'는 무엇이었습니까? 자신감입니다. 자신감을 가지고 공부하고, 어떤 상황에서도 빠르게 자신감을 회복하는 일이 중요합니다.

'기'는 무엇일까요? 기출문제를 의미합니다. 학교시험을 보거나, 경시대회를 치루거나, 한자능력시험을 볼 때 기출문제를 꼭 풀어 보게 합니다. 기출문제를 통해 문제 유형을 알고 자신을 테스트해 보는 것이지요.

'주'는 무엇을 의미할까요? 주간계획을 의미합니다. 가장 중요한 계획입니다.

다음은 '도'입니다. '도'는 도구 활용입니다. 공부할 때 꼭 필요한 도구들이 있습니다.

'학'은 바로 앞에서 살펴보았던 학습목표를 의미합니다.

그렇다면 '습'은 무엇을 의미할까요? '습'은 습관은 말합니다. 예습습관, 수업습관, 복습습관을 말합니다.

자, 이제 자기주도학습이 무엇이고, 자기주도학습에 필요한 것이 무엇인지 이해갈 겁니다. 연상 작용에 의해서 입에서 술술 나옵니다. 그렇다면 자기주도학습이 왜 안 되고 어려울까요? 이것을 알아보겠습니다. 일단 아래 이미지를 보겠습니다.

```
            자기주도학습
           ↙         ↘
      공부 바탕       공부 기술
        —             —
    자신감 가지기   기출문제 분석하기
    주간계획 세우기   도구활용 하기
    습관 갖추기    학습목표 이해하기
```

위 이미지에서 보듯이 자기주도학습은 두 가지로 나눌 수 있습니다. 공부 바탕과 공부 기술입니다. 내 아이가 공부 바탕에 가까운지, 공부 기술에 가까운지 생각해 보기 바랍니다. 그 안에서도 어떤 것은 강점인데, 어떤 것은 약점인 것이 있을 겁니다. 아니면 공부 바탕과 공부 기술에서 한두 개씩 강점일수 있고, 다 부족한 것 같다고 생각할 수도 있습니다. 사실상 공부는 '공부 바탕'을 다지기가 어려워서 힘든 겁니다. 이 공부 바탕은 몸에 배기까지 시간도 많이 걸려 지루합니다. 이런 이유 때문에 대부분의 학생들이 공부에 재미와 흥미를 잃는 겁니다.

반면에 공부 기술은 그야말로 기술입니다. 공부 기술을 익히면 짧은 시간에 성적을 올리는 효과는 있습니다. 하지만 공부 바탕이 안 된 상태에서 공부 기술만 익히다 보면 그 결과는 좋지 않습니다. 공부 기술은 지금 웃지만 마지막까지 가지 못하고, 공부 바탕은 천천히 웃지만 마지막에 웃게 합니다.

공부 바탕과 공부 기술을 나누어서 학생들에게 자기주도학습 진단을 했습니다. 어머니들에게 도움이 될 겁니다. 세 학생의 진단 결과지를 보겠습니다. 우선 5학년 여학생의 결과지입니다.

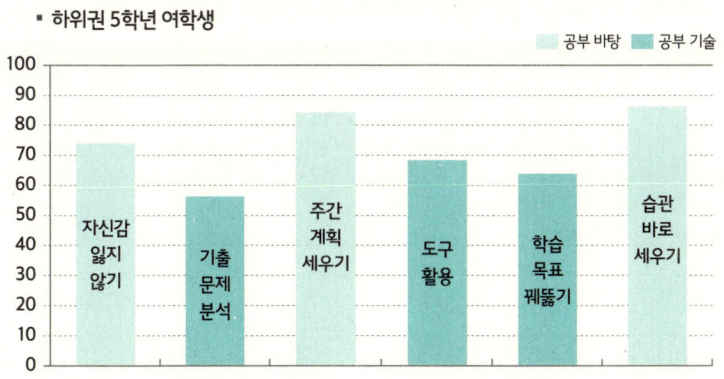

결과지에서 보듯 공부 바탕 점수가 공부 기술보다 높습니다. 이 여학생은 나름대로 공부하려는 의지는 있습니다. 의자에 앉아 공부해 보려고 집중하는 시간도 많습니다. 하지만 결과가 노력한 만큼 따라주지 않습니다. 무엇을 어떻게 공부해야 하는지 잘 모르기 때문이죠. 하지만 이 여학생은 앞으로 얼마든지 좋아질 기본이 있는 여학생입니다.

여학생 엄마에게 이렇게 조언해 주었습니다.

"아이가 공부하려는 의지도 있고 습관도 있어서 공부 기술을 익히면 성적이 조금씩 오를 겁니다. 그러면 당연히 성취감이 생겨 더욱 공부에 의지를 불태울 겁니다. 너무 걱정하지 않아도 됩니다."

대개 하위권에 있다가 어느 순간 성적이 오르는 학생은 이런 스타일입니다.

다음은 6학년 여학생의 결과지입니다.

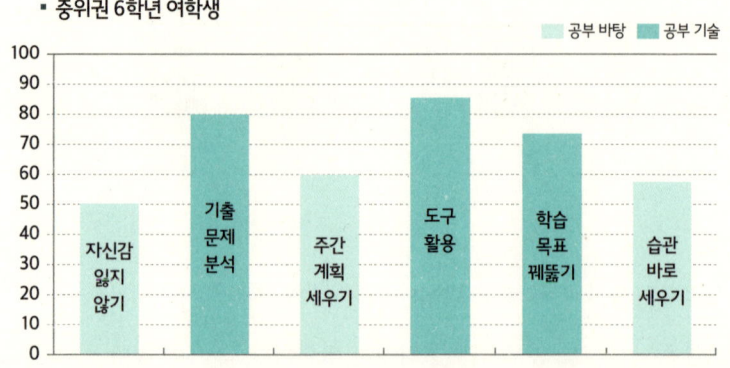

자기주도학습 진단 결과지 2

상대적으로 공부 기술이 공부 바탕보다 점수가 높습니다. 이 여학생은 4학년 때까지 엄마가 시키는 대로 공부를 해서 성적도 좋았습니다. 그러다가 5학년부터 공부에 싫증을 내면서 점수가 떨어졌습니다. 6학년에 올라와서도 자신감을 회복하지 못하고 성적은 곤두박질 쳤습니다. 엄마가 너무 공부를 강압적으로 시키는 바람에 아이가 공부에 흥미를 잃은 전형적인 사례입니다.

필자는 학생 어머니에게 이렇게 이야기를 해 주었습니다.

"이 상태로 아이가 공부에 자신감이 안 생기면 중학교에 올라가서도 성적은 계속 떨어질 겁니다. 어머니의 변화가 절대적으로 필요합니다."

이번에는 상위권 학생의 진단 결과를 보겠습니다.

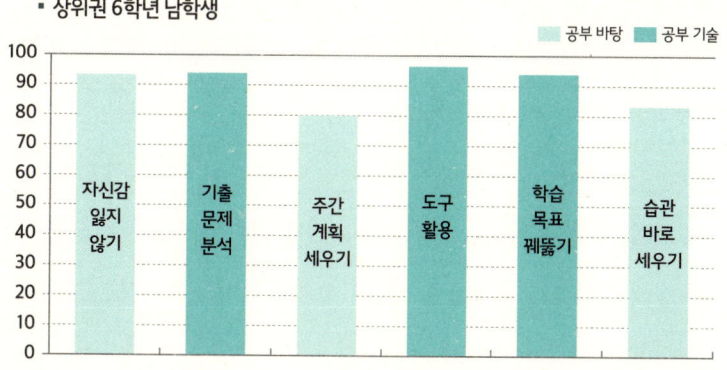

● 자기주도학습 진단 결과지 2 ●

이 학생은 시험을 보면 거의 올백을 맞을 정도로 공부를 잘하는 학생입니다. 공부에 욕심도 강합니다. 엄마아빠도 아이가 어렸을 때부터 잘 놀아주면서 독서를 강조하고 자립심을 길러주려고 했습니다. 가급적 공부 스트레스를 주지 않으려고 했습니다.

결과를 보면 알겠지만, 공부 기술은 흠잡을 데가 없습니다. 이 학생의 말을 빌리면, "수업을 잘 들으면 무엇이 시험에 나올지 대충 알게 되요."라고 하더군요. 공부 감각이 있는 학생으로 말도 조리 있게 잘 했습니다.

결과지를 보면 공부 기술은 나무랄 데 없는데, 공부 바탕 중에서 계획 세우기와 습관 점수가 다소 낮습니다.

필자는 학생의 어머니에게 이렇게 말했습니다.

"아이가 공부 감각이 있어서 공부 기술은 나무랄 데 없으나 상대적으로 공부 바탕이 약합니다. 아마도 그것이 약점이라는 것을 스스로 알게 될 겁니다. 혹시라도 공부 바탕이 보완 안 되고 이 상태로 중학교에 올라가면 성적이 크게 떨어지지는 않겠지만, 최상위권으로 가기에는 애를 좀 먹을 겁니다."

이렇게 세 명의 학생들의 자기주도진단 결과까지 살펴보았습니다. 앞부분에서 설명한 내용들은 제외하고 몇 가지만 구체적으로 설명하겠습니다.

엄마가 줄 수 있는
가장 큰 공부 밑거름, 자신감

　　　　　　　필자와 만났던 6학년 남학생 인호 이야기를 해 보겠습니다.

　인호는 외아들입니다. 엄마에게 인호는 전부나 마찬가지였습니다. 엄마는 인호를 1학년 때부터 학원으로 내몰았습니다. 하루에 학원을 몇 개씩 돌리면 다 되는 줄 알았습니다. 인호가 쪽지시험에서 한두 개라도 실수로 틀려오는 날에는 집안이 뒤집어졌습니다. "이것도 모르냐?"고 하면서 인호를 닦달했습니다.

　인호는 매일매일 엄마가 만들어 놓은 현실에 끌려 다녔습니다. 엄마가 가라는 학원, 엄마가 모셔온 선생님, 엄마가 만들어 놓은 계획표대로 움직이는 로봇이나 다름없었습니다. 학년이 올라갈수록 1등을 해야 한다는 강박에 시달렸습니다. 최고가 되어야 한다는 엄마의 잔소리만 들으면 가슴이 막혀왔습니다. 시간이 갈수록 인호는 엄마의 기대에 미치지 못했습니다. 성적은 계속 떨어지고, 압박감이 머리끝까지 올라와 있었습니다. 심지어 원형탈모까지 생겼습니다. 이제 갓 열세 살 초등학생인데요. 공부에 흥미고 뭐고 자신감은 추락했고, 삶이 즐겁지 않다고 필자에게 털어놓았습니다. 가출까지도 생각한 인호였습니다.

엄마는 이런 인호의 마음을 몰라주고, 인호는 머리가 좋은데 의지가 부족하다며 야단을 멈추지 않았습니다. 엄마는 의지를 낼 수 있는 방법은 알려주지도 않으면서 오직 "공부, 공부"를 외쳤습니다. 엄마의 생각과 행동은 돌아보지 않으면서 스스로 하지 못하는 인호만 가지고 뭐라고 합니다. 인호는 얼굴에서 말에서 기쁜 표정이 하나도 없습니다.

인호처럼 이렇게 끔찍한 현실 속에서 살아가는 초등학생들이 많습니다. 자신감을 상실한 채로 말입니다.

상당수의 학생들은 고학년이 될수록 마음속에 지뢰밭을 하나씩 품고 삽니다. 공부라는 이름의 지뢰밭입니다. 학교에서 작았던 지뢰밭이 집에 오면 더 커집니다. 그 이유는 엄마 때문입니다. 사실 엄마도 지뢰밭이 있기는 마찬가지입니다. 그래서 그 지뢰밭이 언제 터질지 모르는 분위기에서 살아갑니다. 인호처럼 말이지요. 서로가 지뢰밭인 셈입니다.

저학년이나 중학년 때는 엄마가 시키는 대로 다 합니다. 하지만 고학년이 되면서, 자아가 조금씩 형성되고 사춘기가 찾아오면 반항이 시작됩니다. 결국 지뢰는 터지고 맙니다. 마음속에 지뢰밭이 있으면 집중력도, 공부에 대한 자신감도 떨어집니다. 공부에 있어서 가장 큰 재산은 자신감입니다. 그런 자신감이 없는데 어떻게 공부를 잘할 수 있겠습니까?

이런 이유로 자기주도학습의 '자'가 자신감입니다. 그만큼 중요하기에 첫 번째에 등장하는 겁니다. 어떤 상황이 와도 자녀의 자신감을 꺾는 말과 행동은 하지 말아야 합니다. 그 말은 나중에 성인이 되어서도 상처로 남습니다.

공부의 다른 능력이 어느 정도 갖추어져 있더라도 자신감이 부족하면 언제든지 절망에 빠질 수 있습니다. 하지만 몇 가지 능력이 부족해도 자신감이 있다면 언제든지 치고 올라올 수 있습니다. 자녀에게 자신감을 선물로 줄 수 있는 부모가 가장 멋있는 부모라고 생각합니다. 어릴 때부터 경쟁이라는 울타리에서, 힘든 공부의 길을 가는 자녀에게 부모는 자신감과 의지를 키워 주어야 합니다.

자신감을 가지는 데 꼭 필요한 다섯 가지가 있습니다. 평소에 이 다섯 가지에 드는 노력만큼은 아낌없이 자녀를 위해 투자해야 합니다.

첫째는 목표입니다. 아이가 목표를 가질 수 있도록 옆에서 도와주어야 합니다.

집에서 기르는 금붕어의 배를 칼로 가른 아들을 보고 물고기를 죽였다며 야단치는 엄마가 되어서는 안 됩니다. 이때 아빠는 아들이 금붕어를 해부했다며 해부용 칼을 사 주며 격려했습니다. 그 아이는 나중에 해부학 의사가 되었습니다.

독수리에게 수영이나 나무타기를 가르치는 것은 옳지 않습니다. 아이가 잘 할 수 있는 일은 다 다릅니다. 그 일을 찾게끔 도와주는 부모가 되어야 합니다.

학습로드맵이나 인생로드맵을 함께 만들어 봐도 좋습니다. 자신의 롤모델을 가질 수 있도록 해 주는 것은 어떨까요? 영웅처럼 묘사한 과장된 인물이 아닌, 고난과 역경을 극복해서 정상에 오른 인물들의 책을 읽게 해 주는 것이 필요합니다.

둘째는 독서를 즐겨 할 수 있도록 해 주어야 합니다.

책 읽는 재미를 느끼게 해 주는 부모가 가장 현명한 부모라는 말도 있습니다. 매일 엄마와 책 읽는 시간을 만들어서 책을 낭독해 주거나 함께 읽어도 좋습니다. 또는 어린이가 볼 수 있는 명심보감이나 논어를 베껴 쓰게 하거나 읽게 하는 방법도 좋습니다.

예전에 한 아빠가 어린 아들이 잘못을 하면 명심보감과 논어를 읽게 하거나 베껴 쓰게 했습니다. 아들은 무슨 말인지도 모르면서 읽고 베껴 쓰기를 계속 했습니다. 몇 년 동안은 지겹기도 하고 '이런 걸 왜 베껴 쓰나'라고 불평도 했습니다. 중학교에 들어가서까지 그 일은 계속 되었습니다. 하도 읽고 베껴 쓰다 보니까 나중에는 그 말이 무슨 의미인지 알게 되었습니다. 이후 대학에 입학하고 성인이 되어 보니 아버지가 명심보감과 논어를 베껴 쓰라고 한 이유를 알게 되었습니다. 삶을 살아가는 지혜를 주고자 했던 아버지에게 너무도 감사했습니다. 중·고등학교를 다니면서 큰 학업 스트레스 없이 견딘 것도 모두 명심보감과 논어의 구절들 덕분이라는 생각도 하게 되었습니다. 일류대학 입학과 지금의 내 모습은 아버지 덕분이라는 생각에, 아버지에 대한 고마움이 느껴졌다고 돌이켜 고백했습니다.

이런 방법은 꾸준히 해야 합니다. 중간에 하다말다 하면 시작하지 않는 편이 좋습니다.

셋째는 운동을 통해 체력을 길러주어야 합니다.

몸이 튼튼하면 정신의 에너지도 강해집니다. 가벼운 운동 후에 집중력이 좋아진다는 연구결과도 많습니다. 책상에 앉기 전에 가벼운 체조나 스트레칭을 하는 것도 좋은 방법입니다.

넷째는 자녀가 좋아하는 일을 할 수 있도록 시간을 내 주어야 합니다.

공부 스트레스를 풀 수 있는 취미나 좋아하는 활동을 할 시간을 주어야 합니다. 자신이 좋아하는 일이 있다면 공부의 스트레스를 줄일 수 있습니다. 하루에 20% 정도는 자기가 좋아하는 취미활동을 하게 해 줍니다.

마지막 다섯 번째는 매사에 긍정적인 생각을 가질 수 있도록 격려해 줍니다.

즉 엄마의 생각이 긍정적이면 아이의 생각도 긍정적입니다.

정리하면, 자신감을 높여주는 다섯 가지 키워드는 목표, 독서, 운동, 취미, 긍정적인 마인드입니다.

자신감 높이는 5가지 키워드

- **목표 세우기** : 로드맵, 롤모델
- **독서** : 독서하다 죽은 사람은 없다
- **운동** : 몸이 이완되면 정신이 맑아진다
- **취미** : 전체 시간에서 10% ~ 20% 사용
- **긍정적 마인드** : 생각을 refresh 하자

문제에서 답만 찾는 아이에게
개념을 찾게 하자

상담을 했던 4학년 남학생과 필자의 대화입니다.
풀이 죽은 상현이가 이렇게 물었습니다.

"선생님, 문제는 왜 풀어요?"

"공부한 내용을 잘 이해했는지 알아보려는 거지. 왜?"

"힘들어서요."

"문제 풀기 싫으니?"

"많이요."

"왜 싫을까?"

"틀리는 문제가 너무 많아서요."

상현이는 목소리가 점점 기어들어갔습니다.

"그랬구나. 선생님이 힘들지 않게 도움 좀 줄까? 우리가 아프면 어디에 가지?"

"병원 가요."

"하지만 병원 가기 싫지? 병원에 안 가면 어떻게 될까?"

"계속 아프고 눈물이 나요."

"그렇지. 문제 푸는 것도 같아."

"왜요?"

상현이가 궁금한 듯이 고개를 들고 물었다.

"병원을 가야 어디가 아픈지 알고 병을 고쳐주듯이, 문제를 풀어야 내가 뭘 모르는지 알게 된단다. 병원을 안 가면 계속 아픈 것처럼, 문제를 풀기 싫어하면 공부가 더 힘들어 질 수 있어."

"아, 그러니까 문제 푸는 거랑 병원 가는 거랑 같네요."

"그렇지. 좀 아프긴 하겠지만, 문제를 의사 선생님이라고 생각해 봐. 무엇이 부족한지 알려주는 의사 선생님 말이지. 이제 좀 기분이 나아졌니?"

"네."

학교 시험을 준비하면서 작년, 재작년에 출제되었던 문제를 풀어보게 됩니다. 이것을 기출문제라고 합니다. 경시대회 준비도 마찬가지고 한자능력시험 준비도 마찬가지입니다. 공부효과를 높이려면 문제를 많이 풀어보면 좋습니다. 교육학계에서는 여러 방법 중에서도 다양한 문제를 자주 풀어보는 것이 실력향상에 큰 도움이 된다고 보고 있습니다. 몰아서 한 번에 많이 푸는 것보다는 공부하면서 조금씩 풀면 좋습니다. 앞에서도 얘기했듯이 개념을 익힌 다음에 두세 문제라도 풀어 보게 합니다. 수학은 좀 더 많이 풀어야겠지요.

대체로 학생들은 문제를 풀면서 맞고 틀리고에만 신경 씁니다. 답만 맞추거나 무조건 문제를 많이 푸는 것이 중요한 건 아닙니다. 기본적으로 문제를 푸는 것이 왜 필요한지 알고, 문제 풀 때의 자세를 익혀야 합니다.

답 찾는 것보다 문제, 제시된 보기, 선택지를 꼼꼼히 뜯어보는 것이 중요합니다. 이것을 '분석'한다고 합니다. 이해하기 쉽게 이미지로 표현해 보겠습니다. 대체로 학교에서 보는 객관식 문제 형태는 이렇게 되어 있습니다.

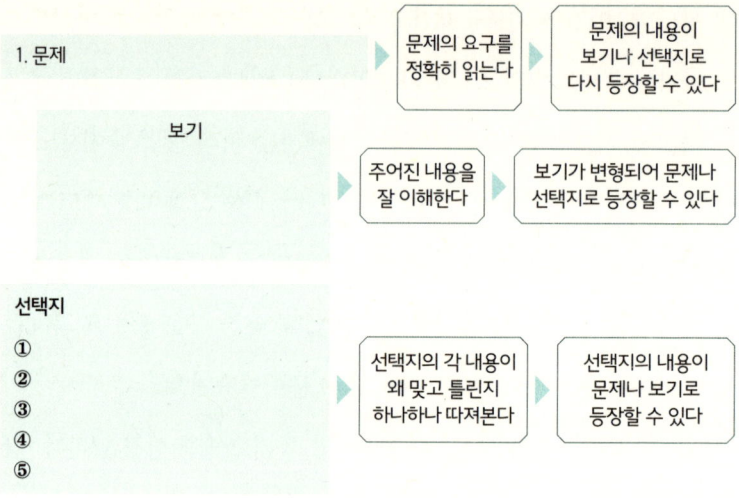

 다시 강조하지만, 문제를 풀면서 기본적으로 '공부한 개념이 이런 식으로 문제화 되는 구나.'를 생각하게 해야 합니다. 이 생각이 중요한 이유는, 모든 시험문제는 개념을 포함하고 있기 때문입니다.
 시험으로 나오는 국어 문제, 수학 문제, 사회 문제, 과학 문제는 모두 개념을 포함하고 있습니다. 어떤 개념을 알아야 풀 수 있는 문제인지, 무슨 개념을 몰라 풀기 어려운지 생각하는 습관을 길러야 합니다. 문제를 대하면 처음에 어떻게 터치해야 할지부터 먼저 생각해야 합니다. 모든 문제를 개념과 연결시켜서 생각하도록 도와주세요.
 풀기 어려웠거나 틀린 문제를 뜯어볼 때 이러한 생각이 더욱 필요합니다. 맞으면 더 이상 생각하지 않고 넘어가거나 틀리면 답만 골

라내는 습관이 배다 보면, 학년이 올라갈수록 사고력이 떨어지게 되어 있습니다. 이런 식으로만 문제를 풀다보면, 맞은 문제라도 약간만 변형하면 틀리곤 합니다. 틀린 문제는 푸는 과정과 답을 알았다고 하더라도 나중에 풀면 또 다시 헤매는 경우가 부지기수입니다. 결국 생각하는 공부가 되지 않으면 발전이 없습니다.

  수학은 사고의 학문이다 보니, 일방적으로 선생님이 풀어주는 문제를 듣고만 있는 것은 좋지 않습니다. 듣는 시간을 줄이고 스스로 생각하고 고민하면서 풀어내는 시간이 많아야 합니다. 푸는 방법과 힌트만 주는 지도방법이 좋지, 처음부터 끝까지 풀어주는 지도방법은 아이들의 사고를 떨어뜨리는 위험한 방법입니다.

  문제를 통해 알아야 할 개념, 부족한 개념을 스스로 파악할 수 있는 능력을 키우도록 해 주어야 합니다. 이러한 생각을 초등학교 때부터 가질 수 있도록 도와주십시오. 그래서 수학은 선생과 답지를 멀리해야 한다는 말도 있습니다. 아예 수학 기초 능력이 부족해 스스로 할 수 없는 아이는 다르겠지만요.

> ♦ 문제를 통해 개념을 확실하게 이해하는 방법
> ① 문제를 풀면서 무슨 개념을 알아야 풀 수 있는 문제인지를 파악합니다.
> ② 문제를 풀면서 잘 해결이 안 되는 개념이 무엇인지 체크를 해 놓습니다.
> ③ 문제에서 자주 등장하는 개념을 정리해 둡니다.
> ③ 하나의 개념과 다른 개념들과의 관계를 잘 이해해야 합니다.
> ④ 문제에 자주 등장하는 개념과 문제해결이 안 되는 개념은 반복해서 익힙니다.

어떤 개념을 묻는지 생각하면서 문제를 풀면 사고력이 좋아지는 것과 마찬가지로, 틀린 문제를 확인하면서 자신이 약한 부분을 정확히 파악하는 훈련을 하면 마찬가지로 사고력이 좋아집니다.

앞서 이미지로 보았듯이 고학년으로 올라갈수록 선택지 하나하나를 꼼꼼히 분석해서 이것은 왜 틀리는지, 이것은 왜 맞는지 파악해야 하는 것도 잊으면 안 됩니다. 문제가 선택지로 나올 수 있는 것처럼 선택지도 문제화 될 수 있기 때문입니다. 특히 사회, 과학 같은 과목이 그렇습니다. 문제는 항상 분석하는 마음으로 풀어야 한다는 것을 강조해야 합니다.

엄마 혼자 세운 계획은 넣어두자
아이가 세운 일주일, 주간 계획표

오늘도 서울 강남 엄마는 다음 달 아이들 학원계획 세우기에 바쁩니다. 5학년 아들과 3학년 딸이 있습니다. 5학년 아들은 학원에 있다가 거의 매일 11시 30분에 집에 들어옵니다. 잠은 12시 30분쯤 자고 늦으면 1시를 넘기기도 합니다. 강남에 사는 아이들의 태반이 이렇게 보냅니다. 주중에는 국어, 영어, 수학학원에 갑니다. 수학학원에서만 4시간을 보냅니다. 주말은 과학학원, 논술학원에 갑니다. 아침은 7시에 일어납니다. 이제 이 아이는 겨우 초등학교 5학년입니다. 하지만 수학능력시험을 준비하는 고3처럼 일주일 내내 공부에 파묻혀 살아갑니다.

아이가 계획을 스스로 세울 수 있도록 도와주는 엄마가 되어야 합니다. 처음부터 쉬운 일은 그다지 많지 않습니다. 공부도 마찬가지입니다. 제대로 코칭해 주고, 믿어 주고, 기다려 주어야 합니다. 그러면 아이는 배움이 힘들기도 하지만 행복도 있다는 것을 알게 됩니다.

이제 자녀들에게 어떤 계획이 필요하며, 어떻게 계획을 세우는지 설명하겠습니다.

계획의 종류는 많습니다. 일일 계획, 주간 계획, 한 달 계획, 일 년 계획, 시험 계획, 방학 계획 등등 많습니다. 웬만한 중·고등학생도 실천하기 힘든 이러한 계획들을 초등학생이 세우면서 공부하는 것은 불가능합니다. 하나만이라도 실천하면 나머지 계획들은 자연스레 따라오게 되어 있습니다. 이러한 계획들 중에서 가장 중요한 계획을 하나 뽑으라면 어떤 계획일까요?

바로 주간 계획입니다. 앞서 등장한 자기주도학습의 '주'는 주간 계획을 의미합니다.

처음부터 계획표를 만드는 일은 어렵고, 3학년 때부터 계획의 중요성을 인식시켜 줍니다. 무슨 일이든 계획을 세워서 실천하면 효율적이라는 사실을 알게 해 주는 겁니다. 어려운 말로 사전정지작업이라고 할까요.

저녁 메뉴 정하는 일, 마트 가기 전에 계획 세우는 일, 여행 계획 세우는 일 등을 아이와 함께 합니다. 놀 때도 계획을 세워서 놀게 합니다. 그러면서 자연스레 공부도 계획을 세우면서 하면 편리하다는 것을 알게 해 줍니다. 4학년 때는 실질적으로 공부 계획을 세울 수 있도록 코칭합니다. 고학년이 돼서는 주도적으로 계획을 세워서 실천하게 합니다. 어느 날 갑자기 계획을 세워서 공부하라고 하면 좋아할 아이는 단 한 명도 없습니다. 뭐든 적응하기까지는 시간이 필요합니다.

초등생들에게 한 달 계획, 일 년 계획을 바라는 것은 무리입니다. 주간 계획만이라도 잘 세우라고 강조하는 것이 바람직합니다. 적어도 일주일 앞은 보고 계획을 세워 공부하는 습관을 길러주어야 합니다.

주간 계획이 세워지면 일일 계획 세우는 일은 부담이 없습니다. 중간고사, 기말고사를 폐지하는 학교가 많아지고, 상시평가(수시평가) 체제로 전환되면서 주간 계획표의 필요성이 더욱 절실해졌습니다. 선생님에 따라서 불시에 단원평가를 보기 때문에 주간 계획을 통해 무슨 과목을 언제 대비해야 하는지 파악하게 됩니다. 이번 주에 수학 3단원이 끝날 예정이라면 3단원 복습을 언제 해야 되는지 계획을 세울 수 있습니다. 시험 계획도, 방학 계획도 모두 주간 계획이 기본이 됩니다.

주간 계획은 일요일에 세우면 무난합니다. 일요일 오후에 다음 주를 생각하면서 계획을 세웁니다. 주간 계획을 세울 때 필요한 하나의 원칙은 이렇습니다. 매일 조금씩이라도 해야 하는 공부와, 매일 하지 않아도 되는 공부를 구분하는 겁니다.

예를 들면, 독서, 수학, 한자를 매일 하는 공부로 정하고 나머지 과목은 이삼일에 한 번씩 하는 것으로 정합니다. 만일 이번에 들어가는 과학 단원이 어렵다면 과학도 당분간은 매일 하는 과목으로 정하면 됩니다.

1주 후나 2주 후에는 매일 해야 하는 과목이 변할 수 있습니다. 다음 주에 사회 공부할 내용이 많다면 일주일이나 이주일은 사회를 매일 하면 됩니다. 이것은 상황에 따라 얼마든지 변할 수 있습니다. 필요한 과목과 단원에 대한 계획을 자신이 소화할 수 있는 능력만큼 세우면 됩니다.

이렇듯 월요일에 몇 시간 공부하고, 화요일에 몇 시간 공부할 것인지 개략적으로 주간 계획을 세웁니다. 이러한 주간 계획을 토대로 어느 정도 습관이 되면 일일 계획을 구체적으로 세울 수 있습니다. 사실상 주간 계획을 가지고 일일 계획으로도 활용할 수 있기 때문에, 주간 계획 하나를 제대로 세우면 일일 계획이 필요 없을 수도 있습니다.

계획표를 그려서 활용하기도 하지만 요즘에는 문구점에 가면 어렵지 않게 계획표를 구할 수 있습니다. 주간 계획표는 달력형 계획표를 구입해서 활용하면 편합니다.

여기서는 계획을 아무 때나 세울 수 있는 손쉬운 방법을 알려주겠습니다. 학생들이 친숙한 수직선을 활용하는 겁니다. 수직선 계획표입니다. 생각날 때 언제 어디서든 손쉽게 그려서 계획을 세울 수 있다는 이점이 있습니다. 표를 만들어서 하는 것보다 효과적입니다. 수직선 계획표는 로드맵을 비롯해서 어떠한 종류의 계획표도 다 만들 수 있어 만능입니다.

수직선으로 주간계획표를 만들어 보겠습니다. 일주일의 패턴은 비슷하기 때문에 기본적인 계획을 세우고 일일계획에서 세부적으로 나누어주면 됩니다. 다음은 수직선 위에 만든 간단한 계획표입니다.

3월 넷째 주 주간 계획							
3 복습 독서	3 수학 단원평가 대비 예습	2 수학 단원평가 대비 학원	2 복습 예습	2 복습 독서	2 복습 독서		복습철저
국어 읽기 한자공부 클로디아의 비밀	수학 문제풀이 영어 과학예습 과학복습	학원 숙제 수학 문제풀이	수학 영어 과학예습	영어 클로디아의 비밀	수학 과학 사금파리 한 조각		
23(월)	24	25	26	27	28		

복습, 예습, 각 과목 단원평가 대비 위주로 주간 계획을 세웠습니다. 수직선 위쪽은 하루 시간량과 목표를 적습니다. 수직선 아래쪽은 구체적으로 학습할 내용을 적습니다. 맨 아래는 날짜와 요일을 적으면 됩니다. 주간 계획은 너무 복잡하지 않게 일주일 동안 집중해야 할 과목이나 단원 위주로 적어 놓으면 됩니다.

이 수직선 위에서 6개월만 집중해서 계획하고 실천하는 습관을 들여 봅니다. 계획을 세우는 일이 어렵지 않고 친숙하게 느껴질 겁니다. 6개월을 꾸준히 하면 아이도 적응이 될 겁니다.

이번에는 수직선 일일계획표입니다.

아래 계획표는 5, 6학년 기준입니다. 3, 4학년은 자는 시간을 비롯해서 학습량을 적절하게 조정합니다.

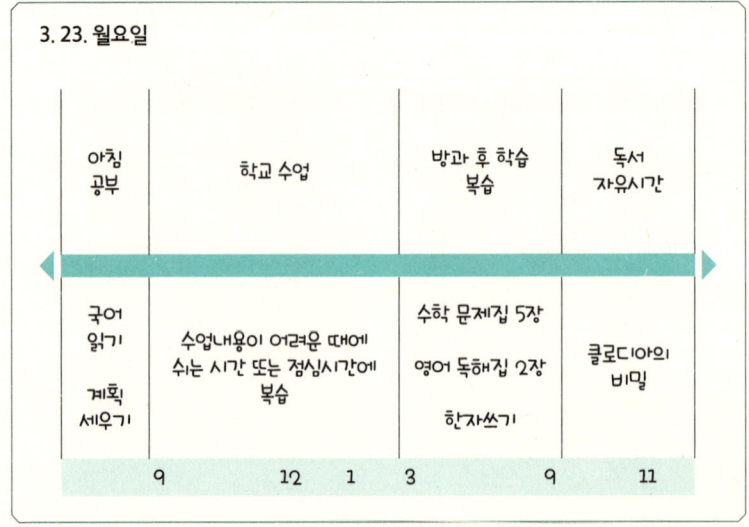

오늘 할 일을 생각한 다음에 시간과 칸을 적절하게 나누어 적으면 됩니다. 이때 시간을 오전, 학교 수업 마치기 전, 오후 3시부터 9시까지, 오후 9시부터 11시까지, 이렇게 덩어리(통) 단위로 계획을 세우면 좋습니다. 이 학생은 20~30분 정도 아침공부를 하는 학생입니다. 학교에 있을 때는 수업내용이 어려운 경우에만 쉬는 시간과 점심시간을 이용하여 잠깐 복습합니다. 학원 숙제를 해도 좋습니다. 집에 와서 복습하고, 자기 전 두 시간 동안 독서와 취미활동을 합니다.

3, 4학년은 집에 와서 복습 위주로 하고 학교에서는 수업만 충실하게 하면 됩니다.

주간 계획을 세울 때 한 시간 단위로 몇 시부터 몇 시까지 할 것을 정해놓지 마십시오. 그러면 오래 가지 못합니다. 위의 사례를 참고해서 적절하게 자녀지도에 응용하면 됩니다.

주체적으로 공부하는 아이에게
든든한 도구를 쥐어주자

학생들에게 공부할 때 사용하는 중요한 도구가 무엇이냐고 물어보면, 열에 아홉은 볼펜이라고 합니다. 초등학생다운 대답입니다. 필자의 표정을 보더니 답이 아닌 것을 알고 머쓱한지 눈만 깜빡거립니다. 비싼 볼펜 쓴다고 공부 잘하는 것은 아니라고 얘기해 주면 그제야 헤헤하고 웃습니다. 어머니들도 설마 볼펜을 생각한 것은 아니겠지요.

자기주도학습의 '도'는 도구 활용을 의미합니다.

요리사에게 칼이 중요하고 군인에게 총이 중요한 것처럼 학생들에게 중요한 도구가 있습니다. 뭐니 뭐니 해도 가장 중요한 도구는 교과서입니다. 교과서 활용방법이지요. 이것은 1장에서 '교과서에서 알아야 할 중요한 내용'을 통해 이해를 했습니다. 교과서를 대하는 자세를 좀 더 알아보겠습니다. 가볍게 생각해 보라는 의미에서 학생들에게 교과서를 개념 있게 활용하는 일곱 가지를 소개하겠습니다.

1) 교과서는 낙서장이 아니다. 교과서는 보물지도다.
2) 교과서에 흔적을 남겨라. 밑줄, 메모, 기호 등을 사용하자.
3) 공부가 안된다고 교과서를 던지거나 찢지 마라.
4) 기분 좋을 때 교과서를 보면 교과서가 사랑스러워진다.
5) 수학 교과서를 떠올리면 생각나는 단어 20가지를 적어 보자. 그렇게 적다 보면 교과서의 소중함이 느껴지기도 한다.
6) 한번쯤은 교과서를 만든 사람들의 마음을 생각해 보자. 교과서의 판권을 보면 다른 책들보다 훨씬 많은 사람들이 참여해서 만들었다.
7) 교과서로 공부했다는 공신들의 말의 의미를 생각해 보자.

그렇다면 교과서에 어떤 메모를 할 것인지 간략하게 살펴보겠습니다. 앞에서 언급한 내용도 있고 새로운 내용도 있습니다. 한번 정리한다고 생각으로 읽어보십시오.

> 1) 이미 잘 알고 있어서 잊어버릴 염려가 없는 내용들은 교과서에서 제외한다.
> 2) 선생님이 여러 번 강조하는 내용
> 3) 이해가지 않는 내용
> 4) 새롭게 알게 된 개념이나 내용
> 5) 교과서에 없는 설명
> 6) 나중에라도 혼동하거나 헷갈릴 수 있는 내용을 메모한다.
> 7) 문제를 풀거나 공부할 때 아무리 외워도 자꾸 까먹는 내용들을 메모한다.
> 8) 정리해 두면 두고두고 문제 푸는데 도움이 되는 내용을 메모한다.
> 9) 문제를 더 빨리 푸는데 도움이 되는 내용을 메모한다.

두 번째로 중요한 도구는 노트입니다. 노트정리는 5장에서 자세하게 설명하겠습니다.

세 번째는 선생님이 준 유인물입니다.

가끔 선생님이 준 유인물을 소홀히 해서 시험에 낭패를 보는 학생들이 있습니다. 상시평가를 통한 시험이 늘어난 만큼 선생님이 준 유인물은 더욱 중요해졌습니다. 그때그때 복습을 해서 낭패를 보는 일이 없어야 합니다.

유인물은 노트나 교과서에 붙이거나 따로 홀더에 모아 놓도록 지도합니다. 필요에 따라서 적절하게 하면 됩니다. 이렇게 교과서, 노트, 유인물을 공부의 3대 도구라고 합니다. 이밖에 자습서, 문제집, 인터

넷 강의 등이 있습니다.

Chapter 04

아이에게 습관을
선물하라

예습, 수업, 복습을 먹고 자라는 성적

자코메티는 스위스의 유명한 조각가입니다.
직업에 대한 열정이 대단했고 삶의 이유는 조각을 하는 것이었습니다.
그러던 어느 날, 자코메티는 오토바이 사고로
더 이상 조각활동을 할 수 없게 됩니다.
그 사고 이후 그는 이렇게 생각합니다.
'난 무엇을 위해 태어난 것이 아니구나.
심지어 조각가가 되기 위해 태어난 것이 아니구나.'
아이들은 공부를 위해 태어나지 않았습니다.
가출하거나 죽고 싶을 만큼 억지로 공부해야 할 이유는 없습니다.

완벽하지 않아야
더 빛을 발하는 예습 습관

　　어머니들은 자녀들에게 습관을 강조합니다. 여기에는 세 가지가 있습니다. 예습 습관, 수업 습관, 복습 습관입니다. 우선 예습에 대해서 얘기를 해 보겠습니다.

　　예습은 무리하지 않게 효과적으로 끝내야 합니다. 짧은 시간에 끝내도록 합니다. 보통 과목당 15분에서 20분이 적당합니다. 이 시간이면 교과서 4~5페이지는 충분히 읽을 수 있습니다. 따라서 두 과목 예습은 30분~40분 안에 끝내는 것이 효율적입니다. 습관이 되면 15분에 맞추면 됩니다.

마음먹고 예습한다고 한 과목을 보는데 한 시간 혹은 두 시간 동안 붙들고 있게 되면 다른 과목을 공부할 시간이 턱없이 부족하게 됩니다. 읽기 능력이 부족하다면 예정시간보다 5분~10분 정도 늘이고, 점차 시간을 줄입니다.

예습은 어떤 때에 하면 성과가 있을까요? 자녀가 다음 두 가지에 해당된다면 반드시 예습을 시켜야 합니다.

첫 번째, 요즘 수업시간에 선생님 말씀이 이해가 안 가거나 머릿속에 정리가 되지 않을 때 반드시 복습과 예습을 병행해야 합니다. 이것을 무시하면 진도 나가는 단원이 뒤처지게 되고 수업시간의 집중력도 많이 떨어지게 됩니다. 아이에게 물어보세요. 요즘 수업시간에 어려운 과목이 없느냐고요.

두 번째, 새로운 단원이 들어가기 전에 예습을 해 두면 도움이 된다고 얘기해 주세요. 새롭게 배울 단원의 내용을 가볍게 훑어보면서 새로운 용어들을 눈에 익혀두라고 말이죠.

대체로 예습은 꼭 필요한 한두 과목으로 합니다. 내일 배울 모든 과목을 예습하겠다고 계획을 세우는 것은 욕심이고 며칠 못 가게 됩니다. 각 과목마다 여러 개의 단원이 있는데, 어떤 단원은 이해가 잘 되고 어떤 단원은 공부하기 어려운 단원이 있습니다.

예를 들면 과학에서 2단원은 쉬웠는데 3단원이 어렵다면 3단원을 복습하고 예습해야 합니다. 이것은 수학도, 사회 과목도 마찬가지입니다. 따라서 그때그때 예습해야 하는 과목이 바뀔 수 있습니다. 만일 자녀가 사회 과목이 전반적으로 취약하다면 당분간 사회는 매일 복습과 예습을 해서 친숙하게 해야 합니다. 싫다고 손 놓고 있으면 점점 더 뒤처지게 됩니다. 필요에 따라 예습 과목은 빼거나 추가해서 공부하면 됩니다.

만약 계획상 내일 2교시에 있을 과학 수업 예습을 해야 했는데 못 했을 경우에 어떻게 하면 좋을까요? 이때는 학교 아침 자습시간이니 1교시 끝나고 쉬는 시간을 활용하라고 지도해 줍니다. 9시 등교 때문에 아침 자습시간이 없어진 학교도 있는데, 1교시 시작하기 전까지 5분에서 10분은 여유가 있기 때문에 이때 빠르게 보도록 합니다. 이렇게 자투리 시간을 활용한 예습은 모범적인 학습습관이라는 것도 알려주고요. 5분, 10분이더라도 의지를 내어 집중하면 30분 건성으로 공부하는 것보다 효과를 볼 수 있습니다.

예습은 완벽하게 하지 않도록 합니다. 이것은 두뇌가 원하는 방법도 아닙니다. 완벽히 예습하게 되면 오히려 이것이 수업시간에 독이 됩니다. 적당히 모르는 내용이 있어야 수업시간에 집중합니다. 앞으로 수업도 있고 복습도 있습니다. 예습, 수업, 반복복습을 통해 기억하는 것이 올바른 학습법입니다. 한 번에 이해하고 기억하려는 것은 옳지 않습니다.

예습할 때 되도록 교과서만 가지고 해야 합니다. 자습서 보고 문제까지 풀지 않습니다. 시간도 많이 걸리고요. 예습할 부분의 교과서를 읽어가면서 핵심어에 표시하고, 주요 개념이 설명된 내용에 밑줄치거나 이해가지 않는 내용에 표시해 두는 정도로 보게 하세요.

흔적을 남기면서 읽는 습관도 필요합니다. 눈으로만 읽게 되면 나중에 다시 읽을 때 새로운 내용을 본다는 인식이 작용할 수 있습니다. 흔적을 안 남기는 것이 꼭 나쁘다고는 할 수 없지만, 이해력과 기억력이 대단히 좋은 학생이라면 몰라도 일반적인 학생들은 흔적을 남기는 것이 바람직합니다.

가장 알고 싶은 것이 남았습니다. 그렇다면 예습할 때 구체적으로 무엇을 학습하고 가야할까요? 이것이 중요한 문제입니다. 예습할 때는 두 가지에 집중합니다.

하나는 '내일 이러이러한 개념을 배우는 구나'를 이해하면 됩니다.

두 번째는 차례, 즉 목차로 돌아와서 목차를 이해하고 간단하게라도 설명하도록 해 봅니다. 목차와 내용을 연결해서 보는 것이지요. 이것이 숙달되면 고학년들은 목차 옆에 목차가 의미하는 바를 한두 줄 정도로 간단히 메모해 놓는 방법도 좋습니다. 목차에 '간략 메모'를 해 놓으면 나중에 흐름을 빠르게 이해할 때도 좋고, 자투리 시간에 보기에도 좋습니다.

자, 키워드 중심으로 정리해 보겠습니다.

예습의 5가지 원칙
한 과목당 15분~20분
교과서만 가지고 한다
한 번에 모두 이해하려고 하지 않는다
못한 예습은 쉬는 시간, 점심시간 이용한다
배울 개념 확인하고 차례를 확인한다

선생님과 같은 곳을 바라보는
수업 습관

학생들에게 이렇게 질문합니다.

"공부하는 학생 입장에서 하루 중 가장 중요한 시간은 언제일까요?"

어머니들도 생각해 보기 바랍니다. 학생들은 이런 대답이 많습니다.

"자는 시간이요."

"먹는 시간이요."

질문하는 선생님의 의중을 파악하지 못하는 거지요. 좀 더 가까운 답이 "공부 시간이요."라는 대답입니다. 공부 시간인데 좀 더 구체적으로 대답하라고 하면 학생들은 생각을 합니다. 학생 입장이라는 점을 다시 강조해 보면, 아이들에게 가장 중요한 시간은 바로 학교 수업 시간입니다.

매번 질문할 때마다 느끼는 거지만 의외로 수업 시간을 말하는 학생이 거의 없습니다. 사실 학생들은 무의식중에라도 자신들의 가장 중요한 시간이 학교 수업 시간이라는 사실을 인정하고 싶지 않지 않아서일 겁니다. 불편한 진실이기도 합니다. 그럼에도 불구하고 공부하는 학생에게는 학교 수업 시간이 가장 소중한 시간임을 인식시켜주는 것이 필요합니다. 공부에 있어서 엄마가 자신감의 뿌리라면 수업은 줄기요, 잎은 스스로 공부한 결과라고 할 수 있습니다

수업 시간에 선생님이 설명하는 내용을 놓치지 않겠다는 마음가짐을 가지게 해 주세요. 선생님과 듣는 학생은 하나의 주파수로 맞추어져야 합니다. 필자는 이것을 학생들이 이해하기 쉽게 화살표로 설명합니다. 선생님이 가지고 있는 화살표를 어디로 날릴지 관심을 가져보라고 합니다. 엄마가 가지고 있는 화살표를 알 때 엄마와 마찰이 적어지는 것처럼, 학교 수업도 마찬가지입니다. 역으로 보면 자녀가 가지고 있는 화살표를 알 때 자녀의 목소리에 귀를 기울일 수 있습니다.

앞서도 설명했지만, 수업 시간에 선생님이 중요한 내용을 강조하실 때 어떻게 하는지 관찰해야 한다고 했습니다. 선생님이 날리는 화살표의 방향에 집중해야 합니다. 사실 학생들을 지도하다보면 아주 드물게 2학년 학생이 5학년, 6학년 학생보다 뛰어난 수업태도를 보이는

경우를 종종 보게 됩니다. 이해력도 좋고 배운 내용에 대한 질문에 대답도 잘하는데, 이런 학생들의 특징이 관찰과 집중력이 좋다는 것이지요. 선생님이 날리는 화살표의 방향과 같은 방향으로 화살표를 날리는 겁니다. 선생님의 마음을 헤아리는 태도인거죠. 이런 학생들을 보면 '부모는 어떤 분들일까?' 생각하게 됩니다.

선생님마다 수업 교재가 다릅니다. 어떤 선생님은 교과서 위주로, 어떤 선생님은 PPT(power point) 위주로, 어떤 선생님은 유인물 위주로 수업을 진행합니다. 과목마다 다르게 진행하기 때문에, 각 선생님이 활용하는 주교재를 기본으로 해서 충실하게 수업을 들어야 합니다. 복습도 마찬가지고요.

수업 시간을 효율적으로 보내는 또 하나의 방법은 선생님이 질문한 내용을 메모하는 겁니다. 지난 시간에 배웠던 내용이나 중요한 내용들을 질문하는 경우가 종종 있습니다. 이때를 놓치지 말고 꼭 메모하라고 얘기해 주세요. 선생님이 질문한 내용은 집에 와서 복습하고 다시 정리합니다.

예습한 과목을 수업하는 경우에는 개념을 확실히 이해하고도 이해되지 않는 내용에 집중하도록 해야 합니다. 그래도 이해가 안 되는 경우에는 선생님에게 질문을 하거나 복습하면서 다시 고민해야 합니다.

엄마의 질문으로 깨우는
아이의 복습 습관

　　　　　　　4학년 딸을 둔 엄마가 집에서 딸을 직접 가르칩니다. 저학년 때부터 학원에 안 보내고 가르쳤지요. 하지만 요즘, 엄마는 딸을 지도하면서 감정을 이기지 못합니다. 엄마의 기대만큼 딸이 진도를 못나가자 화내기가 도를 넘어섰습니다. 엄마와 딸의 불편한 관계가 지속됩니다. 딸은 딸대로, 엄마는 엄마대로 지쳐갑니다. 엄마가 직접 지도하면 훨씬 잘 될 것 같은데 왜 이런 일이 생기는 걸까요?
　자식에게 해 주는 음식과 비교해서 이야기해 보겠습니다. 엄마가 자녀들이 먹을 음식을 할 때 엄마의 정성과 사랑이라는 효소가 음식에 배어 들어가다 보니, 밖에서 먹는 음식보다 아이들 몸에 더 좋을 수밖에 없습니다. 그런 것처럼 공부도 엄마의 정성과 사랑이 있으면 될 것 같지만 거의 실패하고 맙니다. 초등학교 선생님도 자기 자식은 직접 지도하지 않습니다.

음식을 해 줄 때나 공부를 지도할 때 엄마의 마음은 같습니다. 하지만 기대치가 다릅니다. 아이가 음식을 먹을 때 엄마의 욕심이 있나요? 맛있게 먹어주면 그것으로 됩니다. 설사 음식이 입에 안 맞아 투정 부리면 다른 재료와 섞어서 해 주면 됩니다. 여러 음식을 골고루 해 줄 수 있습니다. 하지만 공부는 그게 안 됩니다. 이미 가야할 길을 엄마가 정해 놓고 그 길대로 가지 않으면 안 되는 겁니다. 정성과 사랑은 같지만 욕심의 차이가 너무 커서 안 되는 겁니다. 그게 한국 엄마들의 마음입니다. 그래서 공부를 직접 지도했을 때 나타나는 결과가 뻔히 보이는 겁니다. 엄마의 기대대로 아이가 나날이 잘 따라오는 경우는 어떨까요. 엄마는 기대치가 더 높아져 아이가 영재인줄 알고 더 강도 높게 시킬 겁니다.

가급적 직접 지도는 피하는 것이 좋습니다. 코칭을 해 주는 것이 훨씬 좋습니다. 영어를 써서 그렇긴 하지만 서포터, 그것이 좋습니다. 코칭과 서포터를 통해 조금씩 아이가 스스로 할 수 있도록 도와주어야 합니다.

이제, 복습에 대해서 얘기를 하겠습니다. 복습도 마찬가지입니다.

무조건 복습을 많이 해야 한다고 이야기해 봤자 이런 말은 집에서, 학교에서, 학원에서 수없이 들어서 다 공부하라는 잔소리로 받아들입니다. 비유를 통해 설명해 주거나 다양한 자료를 통해 보여 주어야 고개를 끄덕이고 이해를 합니다.

아래 보여주는 도표를 참고하시기 바랍니다. 복습을 강조할 때 활용하는 도표로서, 복습의 중요성을 강조한 논문 사례입니다.

A그룹	B그룹	C그룹
수업 들은 후에 바로 복습	수업 들은 후에 하루 있다가 복습	수업 들은 후에 복습을 안 함
일주일 후에 기억력 테스트		
83%	45%	30%

미국 학자들이 '인간의 뇌와 기억력에 관한 문제' 라는 실험을 했습니다. A그룹, B그룹, C그룹으로 나누어서 A그룹은 수업을 들은 후에 바로 복습을 했습니다. B그룹은 하루 있다가 복습을 했습니다. C그룹은 전혀 복습이 없었습니다.

일주일 후에 기억력 테스트를 했습니다. 그 결과는 A그룹이 83%, B그룹이 45%, C그룹이 30%였습니다.

이 실험의 결과가 의미하는 바가 무엇일까요? 바로 직후복습의 중요성을 강조한 겁니다. 직후복습과 반복 복습이 어우러졌을 때 최상의 공부효과가 나타납니다.

복습하는 하나의 방편으로 떠올리기가 있습니다. 이것도 활용해 보십시오. 떠올리기를 많이 하면 반복 복습도 되고 기억이 오래갑니다. 수업 전이나 수업이 끝난 후에 떠올리기를 하는 겁니다. 다 할 필요 없이 필요한 과목만 하면 됩니다.

예를 들면, 수학 수업시간 전에 "어제 수학 수업시간에 어떤 개념을 배웠지?"라고 스스로 물어봅니다. 과학 수업이 끝난 직후에는 "오늘 과학 시간에 배운 주요 핵심어가 뭐지?"라고 물어보게 합니다. 이렇게 수업 앞·뒤 시간에 떠올리기를 해 보라고 얘기해 주세요.

엄마가 떠올리기를 유도해도 좋습니다.

"오늘 과학 시간에 배운 주요 내용이 뭐야? 선생님이 들어와서 나갈 때까지를 쭉 떠올리며 엄마한테 얘기해 줄래?"

처음에 문장으로 대답을 못하면 단어 몇 개라도 얘기하게 합니다. 그러면서 점점 기억을 하게 합니다. 여기서도 아이가 기억을 못한다고 야단을 치거나 감정을 드러내면 절대 안 됩니다. 만일 "야, 넌 그것도 기억 못해!"하면서 야단을 치면 아이의 기억능력은 좌절감에 휩싸입니다. 아이에게 '아, 떠올리기를 하면 이것이 복습이고 기억이 오래가는구나'를 스스로 깨우치게 해야 합니다.

이렇게 주기적으로 떠올리기를 하면 실제로 아이의 회상능력은 좋아집니다. 수영장에 자주 가서 연습을 많이 할수록 수영 실력은 늘어나고, 책을 많이 읽을수록 어휘력과 생각하는 능력이 좋아집니다. 공부도 마찬가지입니다. 반복해서 복습을 해야 합니다. 초등학생들의 반복 복습에 대해서 얘기를 해 보겠습니다.

직후 복습, 집에 와서 복습, 주말 복습, 방학 때 복습 순서로 설명하겠습니다.

1) 직후 복습은 딱 한 번만!

예를 들면 2교시 수학 시간이 어려웠다면 쉬는 시간에 잠시라도 앉아서 배운 내용을 빠르게 복습하는 겁니다. 자투리 시간을 활용하는 습관도 동시에 길러줍니다. 3교시 과학 시간에 공부한 양이 많았거나 힘들었다면 쉬는 시간이나 점심시간에 5분에서 10분 정도 교과서와 노트를 보면서 복습하는 겁니다. 무리하지 말고 학교에 있을 때 5분에서 10분만 시간 내어 수업 시간에 배운 내용을 복습합니다. 더도 말고 딱 한 번만입니다. 그것만으로도 초등학생은 충분합니다.

2) 집에서 하는 복습은 자녀 학년의 절반에 해당하는 시간이 딱이다

예를 들면 3학년은 1시간 30분, 4학년은 2시간, 5학년은 2시간 30분, 6학년은 3시간입니다. 이러한 경우는 학원을 전혀 안 다닐 때입니다. 학원을 다니는 경우라면 이렇게 조정합니다. 중학년(3,4학년)은 1시간, 고학년(5,6학년)은 2시간 정도면 적당합니다.

이 시간은 그야말로 스스로 공부하는 시간입니다. 학교 숙제나 학원 숙제는 제외하고요. 나머지 시간은 자녀가 하고 싶은 것을 하도록 놔둡니다.

여기서 문제가 하나 있습니다. 어머니들도 이것 때문에 골치 아파하곤 합니다. 학생들 중에는 학교 숙제건 학원 숙제건, 숙제를 다 하면 공부를 다 했다고 생각하는 학생들이 있습니다. 이건 어머니들 잘못도 큽니다.

"학교 갔다 오면 숙제부터 해."

이 말을 먼저 꺼냅니다. 거의 대부분이 그럴 겁니다.

이렇게 바꾸어야 합니다.

"학교 갔다오면 복습부터 하자."

학교에서 배운 수업 위주로 복습부터 한 다음에 숙제하는 습관을 기르도록 해야 합니다. 숙제가 아니라 복습을 해야 공부한 거라는 인식을 가지도록 해야합니다.

3) 주말에 또 한 차례 복습하기

주중에 했던 내용들을 중심으로 복습합니다. 문제도 풀어보는 시간을 가집니다.

4) 방학 때 복습하기

점차 중간, 기말고사가 없어지고 상시평가를 보는 학교가 많아지고 있습니다. 상시평가에서 틀렸던 문제들은 방학 때 다시 한 번 복습해 줍니다. 자신이 취약한 과목이나 단원 위주로 복습을 진행합니다.

초등학생은 이렇게 4단계 과정을 거치도록 지도합니다.

4번의 반복복습

학교 수업 후에 직후 복습 — 학교에서 한 과목만 직후 복습한다	→	집에 와서 복습 — 집에 와 계획을 세워 복습한다
방학 때 복습한다 — 평가시험, 중간, 기말시험에서 틀린 문제를 복습한다	←	주말에 복습 — 주말에 부족한 과목과 단원 복습한다

Chapter 05

엄마가 잡아줄 때
더 커지는 노트정리의 힘

전부다 적는다고 머리에 남진 않는다

◆
◆

들라크루아는 프랑스의 화가입니다.
사회교과서에 〈민중을 이끄는 자유의 여신〉이 소개되기도 했습니다.
그는 천재에 대해서 이렇게 정의했습니다.
'천재란, 새로운 생각을 하는 사람이 아니다.
지금까지 말해진 것이 아직 충분히 만족스러운 방식으로
말해지지 않았다는 생각에서 나온다.'
노트정리는 새로운 내용이 아닙니다.
공부내용을 이해하고 기억하기 쉽게 정리하면 그것이 노트정리입니다.

◆
◆

빽빽하게 쓴다고
모두 같은 노트정리가 아니다

3장에서 공부의 3대 도구를 이야기했습니다. 기억나십니까? 교과서, 노트, 유인물입니다. 특히 노트정리는 그 필요성을 인식하고 제대로 정리해야 합니다. 필자의 강의 중에서 가장 호응이 많은 강좌가 노트정리입니다. 그 정도로 어머니들이 관심을 많이 가집니다. 고학년들은 기본적인 노트정리 방법을 알고 중학교에 들어가야 합니다. 노트정리를 잘하려면 다음 두 가지를 기본으로 강조해야 합니다.

첫째, 학교 수업을 잘 듣도록 해야 합니다. 왜냐하면 학교 수업이 노트정리의 1차 자료가 되기 때문입니다. 학교 수업을 제대로 듣지 않고서는 노트정리를 잘 할 수 없습니다. 선생님이 교과서의 개념을 어떻게 설명하고, 또 강조하는 내용이 무엇인지 확인하고 정리해야 합니다.

둘째, 복습하면서 정리합니다. 수업에서 선생님의 설명과 교과서에 등장하는 개념을 알기 쉽고 기억하기 쉽게 정리해야 합니다. 무조건 공신들의 노트정리를 따라하는 것은 좋지 않습니다. 참고는 할 수 있습니다. 노트정리는 본인이 이해하고 기억하기 쉽게 정리하면 그것이 최고의 노트입니다. 한 번 정리하고 복습하면서 추가로 정리할 내용이 있으면 보충해서 정리합니다.

이 두 가지가 기본이 되어야 합니다.

노트정리는 스스로 해 보는 과정 속에서 발전이 있습니다. 자습서를 그대로 요약한다든가 학원에서 주는 요약노트에 만족해서는 절대 안 됩니다. 자습서나 요약노트가 어떻게 정리되어 있는지 보면 도움이 되긴 합니다.

정리하기를 싫어하는 학생들이 있습니다. 이런 경우는 억지로 시키지 말고 교과서가 어떤 형식으로 되어 있는지, 어린이 신문이 어떤 형식으로 되어 있는지 살피게 합니다. 교과서와 신문을 잘 살펴보면 이해하고 기억하기 쉽게 편집이 되어 있습니다. 눈에 띄는 주제, 이미지,

정돈된 내용 등등 참고할만합니다. 그러고 나서 자녀가 필기할 수 있는 만큼만 하게 합니다. 처음에는 일기처럼 적어도 좋고, 단어 몇 개만 적어도 좋습니다.

그러면서 기본적으로 다음을 강조해 줍니다. 노트를 펼쳤을 때 첫 시선은 글씨체, 색깔, 여백에 있다고 말입니다.

1) 글씨는 다른 사람이 알아볼 수 있게 써야 합니다.

대체로 여학생이 남학생보다 글씨가 바릅니다. 한석봉으로 알려져 있는 조선 중기의 서예가 한호처럼 글씨를 잘 쓰는 초등학생들을 아주 가끔 만나곤 합니다. 필자가 보기에도 감탄할 정도로 글자체가 바르고 예쁘게 씁니다.

모든 학생이 명필가가 될 수는 없습니다. 또한 그렇게까지 되려고 글씨 연습을 시킬 필요는 없습니다. 최소한 다른 사람이 봤을 때 알아볼 수 있을 정도는 되어야 합니다. 나중에 자기소개서나, 논술시험은 자필로 써야 하기 때문에 알아보기 힘든 글씨는 곤란합니다. 자기가 쓴 글씨도 못 알아보는 학생들이 있는데 이런 학생들은 반드시 글씨체를 교정시켜주어야 합니다. 찾아보면 글씨체를 교정하는 학원도 있습니다. 요즘에는 문화센터에서도 강좌가 있는 것으로 압니다.

집에서 할 수 있는 방법으로 선긋기 훈련이 있습니다. 글씨를 못 쓰는 학생들은 선을 똑바로 긋지 못해서 글씨가 엉망인 경우가 많습니다. 방안지(모눈종이)에 가로선과 세로선을 긋는 훈련부터 정성스럽게 시키면 됩니다. 한 칸이나 두 칸 정도 매일 20분씩 선긋기 훈련을 한 다음에, 선 긋는 시간을 줄이고 시옷과 이응을 정성스럽게 써 봅니다. 그러면서 점차 기역, 니은 등으로 자음을 연습해 나갑니다. 이때도 선 긋는 훈련을 계속 합니다. 이런 식으로 글씨체 교정을 해 주어야 합니다. 매일 20분씩 두세 달 정도 하면 글씨체가 교정되기 시작합니다.

2) 색깔 펜을 너무 남발해서는 안 됩니다.

노트 검사를 해 보면, 초록색이나 분홍색 펜으로 내용 대부분을 정리하는 학생이 있습니다. 심지어 노란색이나 빨간색 형광펜으로 글씨를 쓰는 학생들도 있습니다. 너무 복잡하죠.

   노트의 전체적인 개념정리는 검정색으로 하고, 강조하는 내용에 색깔 펜을 사용하는 습관을 들이게 합니다. 색깔 펜은 주로 주제를 적거나, 블록을 치거나, 밑줄을 치거나, 키워드를 적는 수준에서 써야 합니다. 특히 주제는 색깔 펜으로 크게 적습니다. 검정색, 빨간색, 파란색 정도를 사용하고, 과도하지만 않다면 녹색 펜 정도를 활용합니다. 중요 내용을 강조할 때 형광펜을 사용하거나 색연필을 사용합니다.

　색깔 펜의 용도를 정해놓으면 편리합니다. 선생님이 강조한 내용은 빨간 펜으로 별표를 합니다. 키워드를 적거나, 밑줄을 치기도 합니다. 분홍색 형광펜으로 강조해도 됩니다. 파란 펜은 내가 공부하면서 기억해야 할 키워드나 잘 이해가 안 되는 내용에 사용합니다. 용도를 정해놓지 않고 사용하게 되면 나중에 어떤 내용을 선생님이 강조했는지 헷갈리게 됩니다.

3) 여백을 충분히 합니다.

학생들 중에는 줄도 안 띄우고 노트에 필기를 빽빽하게 하는 경우가 종종 있습니다. 보면 한 통으로 정리되어 있습니다. 초등학생은 정리할 내용들이 많지 않기 때문에 빽빽하게 몰아서 정리할 필요가 없습니다. 내용이 달라질 때 과감하게 한 줄이나 두 줄씩 띄고 시원시원하게 정리합니다. 여백은 복습할 때 보충정리하거나 포스트잇을 붙여 활용합니다.

아이의 공부 효과 팍팍 올리는
기본 노트정리 방법

교과서에 차례가 있는 것처럼 노트에도 차례가 있어야 합니다. 노트정리할 때 기본적으로 교과서 차례를 따라하면 됩니다. 예를 들면 4학년 과학 1단원 차례가 이렇게 되어 있습니다.

> 1. 식물의 생김새
>
>   1) 학교 주변에서 자라는 식물의 이름과 특징 알기
>
>   2) 잎의 생김새와 특징 관찰
>
>   3) 줄기의 생김새와 특징 관찰
>
>   4) 뿌리의 생김새와 특징 관찰
>
>   5) 꽃과 열매의 생김새와 특징 관찰
>
>   6) 벌레잡이 식물
>
> <4-2과학교과서, 식물의 생김새, p20~34, (주)금성출판사>

 중학년들은 노트정리가 서툴기 때문에 교과서 차례를 따라서 정리하게 합니다. 고학년이 되면 나름대로 응용력이 생겨, 더할 건 더하고 뺄 건 빼면서 이해하고 기억하기 쉽게 정리할 줄 압니다.

 몇 가지 기본 노트정리법은 다음과 같습니다.

1) 간단명료하게 적습니다.

 불필요한 내용은 생략하고 최대한 압축해서 정리합니다. 글자를 경제적으로 사용하는 겁니다. 예를 들어 '높이 올라갈수록 기압이 떨어진다'를 '높이↑, 기압↓'와 같은 식으로 표현합니다. 최대한 핵심 단어만

을 사용하여 한눈에 내용이 들어올 수 있도록 정리합니다.

2) 들여쓰기를 합니다.

들여쓰기란 오른쪽으로 한 칸 이상 들여서 정리하는 것을 말합니다. 같은 번호 라인에 맞춘다고 생각하면 됩니다. 예를 들면 6학년 사회 1단원의 차례를 가지고 정리해 보겠습니다.

> Ⅰ 우리나라의 민주정치
>   1. 우리 생활과 민주주의
>   1) 생활 속의 정치
>   2) 민주주의의 의미
>   3) 우리나라의 민주화과정
>   4) 정치참여의 중요성과 참여 방법
>   5) 일상생활 속의 민주주의
>
>   2. 민주주의를 실현하는 기관
>   1) 국회가 하는 일
>   2) 정부가 하는 일
>   3) 법원이 하는 일
>
>   <6-1사회교과서, 우리나라의 민주정치, p10~25, 두산동아(주)>

이렇게 정리하면 각 주제의 내용을 명확히 구분할 수 있다는 장점이 있습니다. 어차피 오른쪽은 줄마다 내용이 끝나는 지점이 다릅니다. 왼쪽으로 각각의 번호 라인에 맞추면서 정리하면 노트정리가 예쁘게 됩니다. 즉, 들여쓰기만 잘해도 노트정리가 달라 보입니다. 들여쓰기의 장점은 두뇌가 좋아하는 방식이라는 데 있습니다. 두뇌가 기억하기 쉽다는 겁니다.

3) 한 페이지에 용어정리를 해 줍니다.

이것은 앞에서도 언급한 내용입니다. 예습이라고 생각하고 새로운 단원이 시작하기 전에 가볍게 읽어보면서 새로 알게 된 용어와 그 뜻을 적는 겁니다. 이 용어의 거의 대부분이 알아야 할 개념이 됩니다. 사실 용어 열 개를 적으면 두세 개만 이해 될 지라도, 일단 적어 놓으면 나중에 수업을 들을 때 도움이 됩니다.

4) 노트 뒷부분 중 서너 장은 서술형과 관련된 문제를 정리해 놓습니다.

예를 들면 선생님이 강조한 서술형 문제라든지 문제집에서 틀린 서술형 문제를 정리해 놓는 것입니다. 또는 공부하다가 질문할 내용이 생기면 노트 뒷부분에 그때그때 적어 놓고 나중에 알게 되면 메모해 놓습니다.

여러 줄의 글보다
더 강력한 도표 하나의 효과를
일러주자

노트정리할 때 도표를 활용하면 정리 효과가 큽니다. 글줄로만 정리하면 단조롭기도 하고 보기에도 지루해서 노트정리의 맛이 떨어집니다. 가능하면 이미지, 즉 그림이나 도표를 과감하게 사용하는 것이 좋습니다. 특히 도표는 글 내용을 알기 쉽고 명확하게 정리해 주는 장점이 있습니다. '아, 이 내용은 도표로 정리해 놓으면 좋겠구나' 라는 생각이 드는 내용은 거기에 맞는 도표를 활용하라고 지도해 줍니다.

어머니들도 도표를 복잡하게 생각하지 마시고, 노트에 선 하나 긋는 것도 일종의 표라고 생각하면 됩니다. 즉 노트에 세로선이나 가로선 하나 그어서 구분하는 것도 도표인 셈이지요. 그 예로, 노트에 선 하나를 그어 보겠습니다.

①

수업시간 필기	복습하면서 보충

②

중심내용 정리	키워드

③

키워드	중심내용 정리

④

중심내용 정리
틀린문제

이렇게 세로선이든 가로선이든 그어주면 도표가 됩니다. 이 선을 기준으로 중심내용 정리와 보충내용 정리를 구분하는 겁니다. 단 한 줄이지만 잘 활용하면 이것이 대단한 정리효과를 줍니다.

　①의 경우 수업 시간에 정리한 내용과 자습서를 참고해서 정리한 내용으로 구분해도 됩니다. 수학 문제 풀 때 활용할 수도 있습니다. ②, ③의 경우, 왼쪽이나 오른쪽에는 중요 키워드를 적는 용도로 활용할 수 있습니다. ④의 경우, 위쪽은 중심내용 정리하고 아래쪽에는 틀렸던 문제를 정리해 놓아도 좋습니다.

　도표 그리면서 정리하는 것을 좋아하는 자녀라면 아래의 ⑤도 추천해 주기 바랍니다. 두 줄을 긋는 형태의 도표입니다.

⑤

중심내용 정리	키워드
틀린문제	

　②와 ④를 합쳐놓은 형태입니다. 중심내용+키워드+오답정리를 한꺼번에 합니다.

위의 유형들을 참고해서 정리하다 보면 더 좋은 아이디어가 생각날 수 있다고 얘기해 주세요.

도표를 맵(map)이라고도 합니다. 그렇다면 주로 어떤 내용을 도표로 정리하면 효과가 있을까요? 몇 개만 나열해 보겠습니다.

1) 핵심어(키워드)만 따로 정리할 때 활용합니다.
2) 자세하게 개념을 정리할 때 활용합니다.
3) 원인과 결과나 사건 전개, 즉 순서가 있는 내용을 정리할 때 활용합니다.
4) 여러 종류가 나열된 내용을 정리할 때 활용합니다.
5) 비교내용, 즉 공통점과 차이점을 정리할 때 활용합니다.

이런 내용들은 글줄로 정리하는 것보다 도표를 활용하면 상당히 효과적입니다.
'아, 이 내용은 흐름이니까 도표로 정리하면 이해하기 쉽겠다'는 생각이 들면 도표를 만들라고 말해줍니다. 마찬가지로 '아, 이 내용은 비교하는 거네'를 생각했다면 도표를 만들어 정리해 주는 겁니다.
이해하기 쉽게 몇 가지 도표에 이름을 붙여 보았습니다. 용어정리 도표, 개념정리 도표, 흐름 도표, 비교 도표 이렇게 네 가지 도표입니다. 초등학생은 이 정도만 알아도 훌륭합니다. 중학년 활용 도표와 고학년 활용 도표로 나누어 설명하면 좀 더 이해하기가 쉬울 겁니다.

1) 용어정리 도표

우선 중학년 용어정리 도표부터 살펴보겠습니다. 대체로 교과서에서 각 단원마다 알아야 할 용어는 색이 칠해져 있는 경우가 많습니다. 또는 두꺼운 글자로 되어 있습니다. 이러한 용어들이 공부해야 할 중요 개념입니다.

   용어 정리는 단원 예습하면서 간단히 할 수 있어 좋습니다. 새로운 단원에 들어가기 전에 훑어보면서 단원의 주제와 관련이 있는 새로운 용어 중심으로 정리해 놓는 겁니다. 예습하면서 정리할 때는 용어의 뜻을 몰라도 상관없습니다. 일단 적으면서 눈에 익기만 해도 됩니다.

   또한 복습하면서도 할 수 있습니다. 복습하고 나서 복습 내용을 떠올리면서 스스로 테스트를 할 수 있습니다. 형식은 아래와 같습니다. 용어정리 맵입니다.

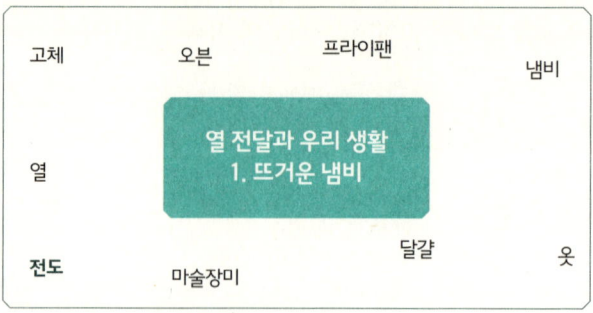

작은 사각형에 단원의 주제를 적습니다. 예습하면서 바깥 사각형 안에 주제에서 익혀야 할 핵심 용어와 관련 용어를 적어 놓습니다. 가장 핵심적인 용어는 굵은 글씨로 적었습니다.

나중에 이 용어들만 봐도 전체 내용이 머릿속에 그려집니다.

복습할 때는 기억해서 적는 거라 처음에는 몇 개 못 적을 수 있습니다. 처음에 두세 개밖에 못 적더라도 점차 숙달되면 생각이 깊어지고 개수도 늘어납니다. 기억해 내는 것이 힘들면, 처음 몇 번은 교과서와 자습서를 들여다보면서 적어 보고, 나중에는 기억해서 적어 보려고 노력합니다. 꾸준히 하면 기억하는 힘도 커지게 됩니다.

이번에는 고학년 용어정리 도표입니다. 중학년과는 다소 형식이 다릅니다. 예습할 때 교과서를 보면서 적고, 복습할 때 기억해서 적는 것은 중학년과 같습니다. 중학년보다는 좀 더 깊이 있는 내용이어야 합니다. 노트 한 페이지에 간략히 정리합니다. 세로 선을 하나 그어서 용어와 설명을 구분해 줍니다.

● 용어정리 도표 - 고학년 ●

1. 날씨의 변화	
습도	➡ 공기 중에 수증기가 포함된 정도
건습구 온도계	➡ 습구 온도계 + 건구 온도계
이슬	➡ 새벽에 차가워진 나뭇가지나 풀잎 등에 수증기가 응결하여 이루어진 작은 물방울
안개	➡ 공기중의 수증기가 지표면 근처에서 응결하여 공기 중에 떠 있는 현상
구름	➡ 수증기가 높은 하늘에서 응결하여 작은 물방울 상태로 떠 있는 것
비	➡ 하늘에 떠 있던 구름 속의 물방울이 커져서 무거워지면 땅으로 떨어지는것
바람	➡ 공기의 이동
해풍	➡ 낮에 바다에서 육지로 부는 바람
육풍	➡ 밤에 육지에서 바다로 부는 바람
일기도	➡ 일정한 시각에 여러 지역의 날씨 상태를 숫자와 기호로 나타낸 것
기압	➡ 공기의 무게에 의한 압력
등압선	➡ 일기도에서 같은 기압이 같은 지역을 연결한 선
고기압	➡ 기압이 주위보다 높은 곳
저기압	➡ 기압이 주위보다 낮은 곳

너무 자세하게 적지 말고 머릿속으로 정리해서 간단하게 적도록 합니다. 위 도표처럼 길게 적지 않아도 됩니다. 어떤 용어를 배우는지만 알아도 됩니다. 예습할 때는 간단히 적고 복습하면서 내용을 추가해도 됩니다. 방법은 다양합니다.

위 도표처럼 풀어서 설명해도 되고 용어를 대표하는 핵심어만 나열해도 좋습니다. 즉 이슬의 경우에 새벽, 수증기, 응결, 물방울 등으로 적어놔도 좋습니다. 이렇게 각 소(중)주제마다 용어정리를 해 놓으면 이후 자투리 시간에 보기도 좋습니다.

2) 개념정리 도표

이번에는 중심내용 도표입니다. 중심내용 도표는 중요하다고 생각하는 하나의 내용을 자세하게 정리할 때 활용합니다. 개념을 정리한다고 생각하면 됩니다. 개념 도표인 셈이죠. 중학년 중심내용 도표부터 살펴보겠습니다.

● 개념정리 도표 - 중학년 ●

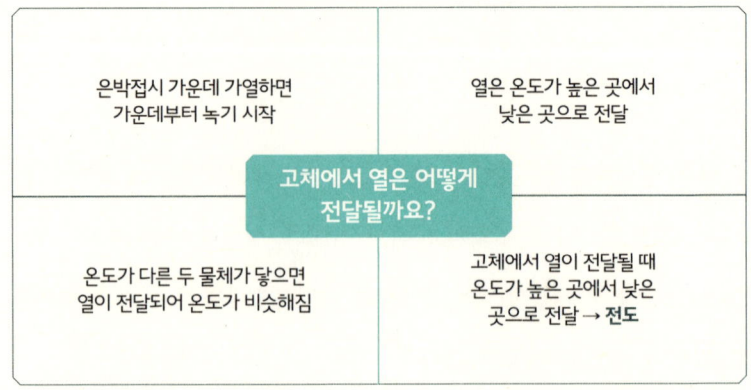

용어정리 도표와 형태는 비슷한데, 사각형과 사각형 사이에 선으로 구분이 되어 있다는 점이 다릅니다.

작은 사각형에 정리하고자 하는 주제를 적습니다. 이 주제에서 알아야 할 내용을 구분된 사각형 안에 차례대로 정리합니다. 꼭 알아야 할 핵심어는 굵은 글씨를 사용했습니다. 처음부터 네 공간 모두를 채우지 못한 경우도 많습니다. 처음에는 두 공간만 적어 놓고 아는 것이 많아지면 나머지 공간에 추가로 정리하면 됩니다.

이 도표는 종류를 나열하는 내용을 정리할 때 활용해도 좋습니다. 종류가 꼭 4개일 때만 사용하는 것은 아닙니다. 종류가 세 개면 세 개만 정리하고 나머지 빈칸은 보충내용을 정리할 수도 있습니다.

예를 들면, 열의 전달에는 세 가지가 있습니다. 전도, 대류, 복사입니다. 나머지 한 공간에는 열의 차단인 '단열'을 정리할 수 있습니다. 혹시라도 종류가 4개가 넘을 때가 있습니다. 이때는 다음 고학년 개념정리 도표를 활용하면 됩니다.

이번에는 고학년 개념정리 도표입니다. 이 도표는 바깥쪽 사각형에 또 하나의 사각형을 붙여 놓는 형태입니다. 보충내용을 정리할 수도 있고 새로운 내용을 정리할 수도 있습니다. 복잡할 것 같지만 하나도 복잡하지 않습니다. 노트 한 페이지에 이렇게 소주제를 하나씩 정리해 놓으면 정말로 멋진 노트정리가 됩니다.

● 개념정리 도표 - 고학년 ●

		플라스크의 겉면에 아주 작은 물방울 생김 - 플라스크의 바깥 공기가 차가워진 플라스크의 겉면에 닿았기 때문	비커 안이 뿌옇게 흐려진다 - 비커 안의 따뜻한 공기와 플라스크의 차가운 공기가 만나 작은 물방울을 형성하여 떠다니기 때문	
		이슬 새벽에 차가워진 나뭇가지나 풀잎 등에 수증기가 응결하여 이루어진 작은 물방울	안개 공기 중의 수증기가 지표면 근처에서 응결하여 공기 중에 떠 있는 현상	
	이슬, 안개, 구름, 비는 어떻게 생성될까요?			
안개와 같다 비커 안이 뿌옇게 흐려진다 - 비커 안의 따뜻한 공기와 플라스크의 차가운 공기가 만나 작은 물방울을 형성하여 떠다니기 때문		구름 수증기가 높은 하늘에서 응결하여 작은 물방울 상태로 떠 있는 것	비 하늘에 떠 있던 구름 속의 물방울이 커져서 무거우면 땅으로 떨어지는것 *눈 0도 이하에서 하늘에 떠 있던 구름 속의 커진 물방울이 무거워지면 떨어진다	플라스크 아랫면에 작은 물방울이 생김 - 비커 속의 따뜻한 공기가 위로 올라가서 플라스크의 아랫면에 붙어 물방울을 형성하기 때문

　　고학년은 중학년 도표에서 보충내용을 적을 수 있는 공간을 확보해 주는 겁니다. 복습하면서 '이슬'에 대한 보충내용이 있으면 위로 사각형을 만들어 주고 메모합니다. 안개도, 구름도, 비도 마찬가지입니다.

3) 흐름 도표

　　이번에는 중학년 흐름 도표입니다. 화살표 형식으로 만들어서 흐름 또는 순서라는 것을 알게 해 줍니다. 간단히 내용을 적으려면 각각의 순서 아래에 적어주면 됩니다.

● 흐름 도표 - 중학년 ●

▪ 눈으로 보는 열의 전달

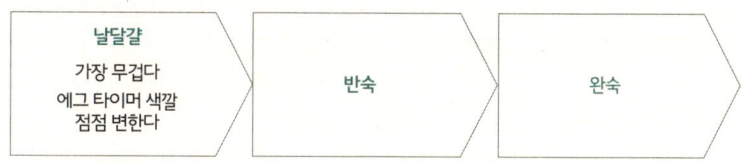

이런 방식의 화살표가 마음에 안 들면 다음의 식으로 해도 됩니다.

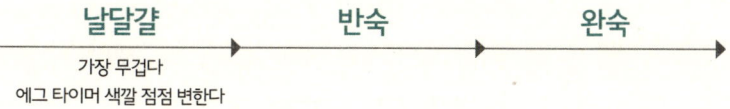

화살표도 얼마든지 도표가 될 수 있다고 생각합니다.

이제 고학년 흐름 도표입니다. 고학년은 보충내용을 메모할 수 있는 공간을 아래에 만들어줍니다.

● 흐름 도표 - 고학년 ●

- 공기 중의 수증기가 작은 물방울이 되어 비로 내리는 과정

공기 중의 수증기	차가운 공기	구름	비
물이 증발하여 수증기를 만든다. 수증기가 하늘 높이 올라간다.	수증기를 포함한 공기가 위로 올라가면서 온도가 낮아지면 응결한다.	무거워진다. 작은 물방울이 점점 더 커지고 무거워진다. 안개와 구름은 같다. 땅에 가깝게 있으면 안개, 높은 하늘에 떠있으면 구름이다.	물방울이 된다. 날씨가 추워 떨어지면 이것은 눈이 된다.

마찬가지로 이 도표도 아래와 같은 방법으로 얼마든지 변신이 가능합니다. 중요한건 여기에 등장하는 도표대로 따라하지 않아도 됩니다. 고민하다 보면 응용이 될 수도 있습니다.

● 흐름 도표 - 고학년 ●

- 공기 중의 수증기가 작은 물방울이 되어 비로 내리는 과정

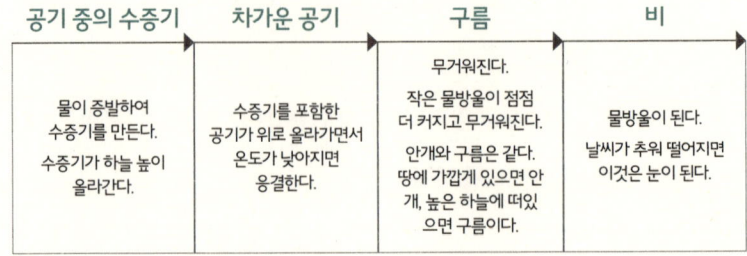

만일 위 내용이 글줄로 되어 있다고 생각해 보십시오. 느낌이 많이 다를 겁니다. 그래서 가능하면 도표를 활용하라는 겁니다.

4) 비교 도표

중학년 비교 도표입니다. 벤다이어그램이 연상될 겁니다. 비교 도표는 공통점과 차이점을 알기 쉽게 정리하는 표입니다.
겹치는 공간에는 공통점을, 양쪽 공간에는 차이점을 적어줍니다.

● 비교 도표 - 중학년 ●

- 고체의 종류에 따라 열이 전달되는 정도

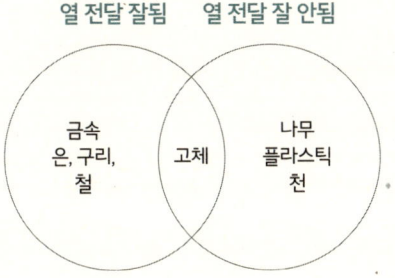

이번에는 고학년 비교 도표입니다. 중학년의 비교도표와 차이점은 없고, 내용을 충실하게 적어주면 됩니다.

● 비교 도표 - 고학년 ●

- 안개와 구름의 비교

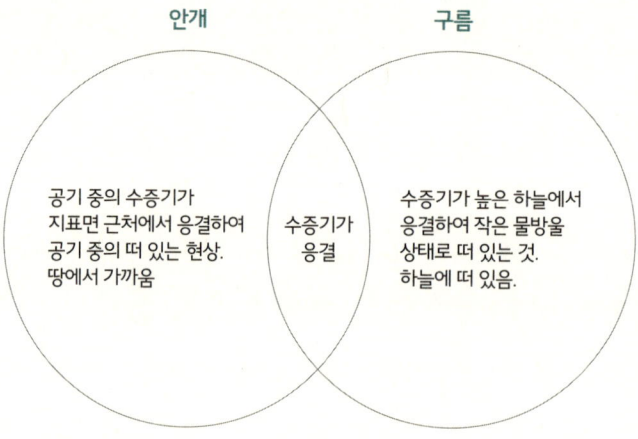

　지금까지 여러 가지 도표를 살펴보았습니다. 중요한 사실은 도표로 정리하면 이해하기 쉽고 기억하기 쉬운 내용들이 분명히 존재한다는 겁니다. 노트에 도표가 자주 등장하면 그만큼 노트정리에 충실하고 노트정리에 자신이 있다는 반증이기도 합니다. 자녀들에게 도표를 자주 강조하십시오. 공부하다가 순서가 나오거나, 종류를 나열하거나, 비교하는 내용 등이 나오면 도표로 정리하는 것이 훨씬 이해하고 기억하기 쉽다고 얘기해 주어야 합니다.

이해 못하는 아이,
중심내용이 뭔지 알고 있는가?

공부하면서 무엇에 대한 내용인지를 정확히 이해하는 것이 필요합니다. 교과서를 읽으면서 무엇에 대해서 얘기하는지 정확히 알아야 합니다. 만일 무엇에 대한 내용인지를 제대로 파악하지 못한 상태에서는 노트정리를 한다 해도 시험 결과가 만족스럽지 못합니다. 선생님이 설명할 때도 무엇을 설명하는지 이해가 안 된다면 중심내용을 제대로 파악하지 못한 겁니다. 교과서를 읽건, 독서를 하건, 수업을 듣건 무엇에 대한 내용인지를 제대로 빠르게 파악하는 힘이 공부 잘하는 힘입니다.

사실상 학생들은 이것이 안 돼서 공부를 힘들어 하는 경향이 많습니다. 강의하면서 학생들이나 학부모님들에게 이 부분을 상당히 강조하고 예를 들어서 설명해 줍니다. 학생들이 가장 취약하다고 할 수 있는 이 부분을 어떻게 해야 강점으로 만들 수 있는지 이제부터 설명하겠습니다.

중심내용을 파악하고 정리하기 위해서는 우선 핵심어부터 찾아야 합니다. 교과서를 읽던 수업을 듣던 핵심어를 찾아야 합니다. 이 핵심어가 가장 중요한 개념이 되는 셈입니다. 글의 길이에 따라서 핵심어의 수가 다를 수 있습니다. 하지만 서열을 매긴다면 가장 중요한 핵심어는 하나입니다. 이 핵심어의 앞 또는 뒤에 보충설명을 연결하면 그것이 중심내용이 됩니다. 중심내용은 군더더기 없이 깔끔해야 합니다.

핵심어를 찾는 방법은 이렇습니다.
1) 글의 흐름을 잘 파악해야 찾을 수 있습니다.
2) '~은 ~다' 라는 개념을 설명하고 있는 문장에 집중합니다.
3) 자주 등장하는 단어가 핵심어일 확률이 높습니다.
4) 핵심어는 다른 단어들과의 연관관계가 밀접하고 구체적입니다.

이제 한 문장 또는 몇 개의 문장 속에서 핵심어를 찾고 중심내용을 만들어 보겠습니다. 이제부터는 실전입니다. 이 책을 읽는 어머니들은 답에 눈길을 주지 말고 한번 해 보시길 바랍니다.

> 황해도 해주 출신이자 교육가, 의병장인 안중근은 만주 하얼빈에서 권총으로 이토 히로부미를 저격하다.

읽으면서 무엇에 대한 내용인지 생각해 봅니다. 황해도를 설명하고 있습니까? 안중근을 설명하고 있습니까? 아니면 이토 히로부미를 설명하고 있습니까?

이 문제를 보면 작년에 강의하면서 만났던 한 남학생이 떠오릅니다. 초등학생 4~6학년들에게 이 문제의 핵심어를 찾아보라고 했습니다. 안중근과 이토 히로부미라고 대답한 학생들이 많았습니다. 개구쟁이처럼 보이는 학생에게 무엇일거 같으냐고 물었더니 그 학생이 대답하기를, "권총이요" 하는 겁니다. 그 학생은 이 글을 읽으면서 권총이라는 단어가 머릿속에 강렬하게 다가온 겁니다.

이런 식으로 핵심어를 찾아서는 곤란합니다. 글의 흐름을 통해 객관적으로 찾아야 합니다. 이 문장은 안중근에 대한 설명입니다. 안중근이 태어난 곳, 하는 일, 안중근이 일으킨 사건을 말하는 겁니다. 대부분의 단어가 안중근과 연결이 되어 있습니다. 의외로 10명 중에 절반 정도만 자신 있게 안중근이라고 대답합니다.

자, 그러면 중심내용을 만들어 보겠습니다. 안중근이 어떻다는 건가요? 안중근의 앞 또는 뒤에 보충설명을 연결해 봅니다. 그러면 이렇게 만들 수 있습니다. <이토 히로부미를 저격한 안중근> 혹은 <안중근이 이토 히로부미를 저격하다>입니다. '저격하다' 라는 단어 속에 총이 포함되어 있기 때문에 권총이라는 단어는 제외해도 됩니다.

이번에는 세 문장으로 된 글을 읽고 핵심어와 중심내용을 만들어 보겠습니다. 사회 교과서에 나오는 내용으로, 사실상 수준 높은 사고력을 요구합니다. 어려운 단어도 없고 글 내용 자체는 쉽지만 무엇에 대해서 말하는지 찾기가 만만치 않습니다.

> 인석이는 우리나라를 여행하며 찍은 사진들을 정리해서 사람들이 살고 있는 여러 곳의 모습이 서로 다르다는 것을 알게 되었다. 산이 잇달아 솟은 곳도 있고, 논밭이 펼쳐진 평야지역도 있으며, 해안선이 굽이친 바닷가도 있었다. 또 땅의 모양에 따라 자연풍경, 사람들이 하는 일, 집의 모양 등 여러 가지가 서로 달랐다.
>
> <5학년 사회교과서, 우리 생활과 자연 환경, p4>

인석이도 보이고 우리나라도 보입니다. 사진, 산, 논밭, 자연풍경 등등의 용어가 눈에 들어옵니다. 무엇을 설명하는 글인가요? 천천히 읽어 보세요. 글의 흐름을 잘 파악해야 합니다.

힌트를 주자면, 인석이를 설명하는 글은 아닙니다. 인석이의 취미나 성격을 구체적으로 설명한 글이 아니니까요. 또한 우리나라를 설명하는 글도 아닙니다. 우리나라의 교통이나 문화를 구체적으로 설명한 내용도 아닙니다. 우리나라를 핵심어라고 하기에는 범위가 너무 넓습니다. 핵심어는 구체적이어야 합니다.

이제 눈에 보입니까? 아직 모르겠다면 한 번 더 읽어 보십시오.

좀 더 힌트를 드리겠습니다. 세 번째 문장의 첫 글자인 '또'에 주목해 보세요. 보통 우리가 '또'를 언제 사용하는지를 알면 감이 올 겁니다. '또' 앞의 내용이 무엇을 설명하고 있습니까? 그리고 '또' 다음에 나오는 내용은 무엇에 대한 설명인가요? 바로 '땅의 모양'입니다.

따라서 이 글은 땅의 모양에 대해서 설명하고 있습니다. 사람들이 살고 있는 여러 곳의 모습을 생각하는 학생들도 있습니다. 이 학생들도 사고력이 좋은 편입니다. 핵심어는 아니지만 땅의 모양의 다른 말이니까요. 핵심어는 땅이지만 구체적으로 땅의 모양에 대해서 얘기하는 글이기 때문에 땅의 모양이 정확합니다. 중요한 사실은 '또' 앞의 산, 평야지역, 바닷가도 땅의 모양을 말하는 낱말들입니다.

그럼 땅의 모양이 어떻다는 겁니까? 중심내용을 만들어 보겠습니다. 연관되는 또 다른 핵심어들을 연결해서 보통내용을 만들어 봅니다. 땅의 모양에 따라 여러 곳의 모습이 다르다는 얘기를 하고 있습니다. 어디에서 다른 겁니까? 우리나라입니다.

따라서 중심내용은 〈땅의 모양에 따라 다른 우리나라의 모습〉 혹은

〈우리나라의 모습은 땅의 모양에 따라 다르다〉 라고 해야 맞습니다.

자, 이번에는 조금 생각하게 하는 글을 보겠습니다. 핵심어는 대개 읽는 글속에 포함되어 있는 경우가 대부분입니다. 하지만 아래 글에는 찾고자 하는 핵심어가 없기 때문에 글을 읽고 유추해야 합니다. 사회 교과서에 나오는 내용입니다. 당연히 교과서를 보면 주제나 등장하는 이미지를 통해 핵심어 유추가 쉽습니다. 순전히 아래 글만 읽고 핵심어를 찾아봅시다.

> 민수네 반에서는 달성 공원으로 현장 체험 학습을 갔다. 공원에 도착한 민수네 반 학생들은 '어린이 헌장비'부터 찾아보기로 하였다. 공원에는 여러 가지 시설이 많아서 쉽게 찾을 수가 없었다. 무엇을 이용하면 쉽게 찾을 수 있을까?
>
> <4학년 사회교과서, 우리지역과 사회>

이쯤 되면 민수를 말하는 내용이 아니라는 사실도 알겁니다. 달성 공원을 얘기하는 것도 아닙니다. 달성 공원의 크기나, 오른쪽으로 가면 무엇이 있고 왼쪽으로 가면 무엇이 있는지를 얘기하지 않습니다. 학생들 중에는 '어린이 헌장비'라고 하는 학생도 있습니다, 하지만 헌장비의 크기나 색깔, 모양에 대해서 얘기하는 것이 아닙니다.

힌트를 주자면, 마지막 문장을 보십시오. 마지막 문장은 질문을 하고 있습니다. 여기서도 센스가 있어야 합니다. 학생들 중 열에 한두 명은 마지막 문장에 주목해서 핵심어를 찾아냅니다. 사고력이 좋은 학생인 거죠.

앞에서 교과서의 질문은 시험에 나올 확률이 높다고 강조했습니다. 그리고 질문에는 답을 달아주라고 했습니다. 생각을 조금 하면 핵심어가 무엇인지 떠오를 겁니다. 무엇에 대한 얘기인가요? 맞습니다. '지도'입니다. 이 학생들은 지도가 없어서 헤매는 겁니다.

그렇다면 중심내용을 만들어 봅시다. 중심내용은 <지도를 이용하면 길을 쉽게 찾을 수 있다> 혹은 <길을 쉽게 찾을 수 있는 지도> 정도로 해 주면 됩니다.

짧은 글 하나 더 해 보겠습니다. 사회 교과서에 나오는 내용입니다. 별로 어렵지 않을 겁니다.

> 지도에서는 땅의 높낮이를 등고선과 색깔로 나타낸다. 등고선은 바다의 수면을 기준으로 하여 높낮이가 같은 곳을 선으로 이은 것이다. 민수네 반 학생들은 고구마를 이용하여 등고선을 만들어 보았다.
>
> <4학년 사회교과서, 시·도의 모습을 지도에서 찾아봐요>

이 문제를 볼 때도 생각나는 학생이 있습니다. 무엇에 대한 얘기냐고 물어봤을 때 자신 있게 손 든 남학생이 있었습니다. 하지만 필자가 원했던 답이 아니었습니다. 이 학생에게 물으니까 이렇게 대답했습니다.

"고구마요."

강의실이 웃음바다가 되었습니다.

핵심어는 무엇입니까? 핵심어는 당연히 등고선입니다. 등고선이라는 단어가 계속 등장합니다. 중심내용은 <등고선은 땅의 높낮이를 나타낸다> 혹은 <땅의 높낮이를 나타내는 등고선>이라고 합니다. 간혹 색깔을 넣어서 중심내용을 만드는데, 색깔에 대한 설명이 아니기 때문에 중심내용에서 제외합니다.

글에서만 핵심어를 찾고 중심내용을 만들어야 하는 것은 아니고, 이미지를 가지고도 핵심어를 찾고 중심내용을 만들 수 있어야 합니다. 이것은 고급능력입니다. 앞에서 이미지 해석이라고 했습니다. 이미지를 보고 무엇에 대한 그림인지 곰곰이 생각해 보고, 이미지의 핵심어와 중심내용을 떠올려 보는 연습 또한 중요하니 명심해 두십시오.

센스 있는 엄마는 아이에게 포스트잇을 선물한다

포스트잇은 활용법을 알면 공부에 상당한 도움이 되지만, 모르면 쌓여가는 종잇조각에 불과합니다. 요즘 노트정리에 관심이 있는 초등 고학년은 포스트잇 활용법을 알고 싶어 합니다. 노트정리 강의 때마다 포스트잇 활용법을 가르쳐 주면 많은 관심을 보입니다. 어머니들도 여기서 설명하는 포스트잇 활용법을 알고 적절하게 지도하면 자녀의 노트정리에 도움이 될 겁니다.

포스트잇은 다양한 형태로 진화 하고 있습니다. 큰 문구점에 가 보면 여러 가지 모양에 형형색색인 포스트잇을 구경할 수 있습니다. 역사공부에 도움이 되는 지도 포스트잇도 있는데, 포스트잇에 백지도만 그려져 있어 지명, 화살표, 메모 등을 적어 놓을 수 있습니다. 또 바닥이 비치는 투명 포스트잇도 있어, 교과서 내용이나 노트필기 내용이 잘 보입니다. 투명 포스트잇에 메모하고 복사를 하면 교과서 글자나 포스트 메모 내용이 모두 깨끗이 복사된다는 장점도 있습니다.

포스트잇은 활용범위가 넓고 크기, 모양, 색깔 등이 다양합니다.

♦ 포스트잇의 장점
- 휴대하기 좋다.
- 눈에 잘 띈다.
- 공간 활용이 좋다.
- 포스트잇에 중요한 내용을 메모해 놓고 페이지에 붙여놓으면 나중에 그 포스트잇만 보면 되니까 시간이 단축된다.

그럼, 공부할 때 유용하게 활용할 수 있는 구체적인 방법을 말씀드리겠습니다.

1) 포스트잇 색깔별로 용도를 정해 놓습니다.

① 포스트잇은 교과서나 노트에 필기공간이 부족한 경우에 보충내용을 메모해 두기 좋습니다. 이때 공간을 아낄 수 있다는 장점이 있습니다.
② 중요한 내용을 한눈에 보기 쉽게 요약하는 경우에도 활용합니다. 이때 색깔을 정해 놓으면 나중에 알아보기 쉽습니다. 예를 들면, 보충내용은 노란 포스트잇, 중요내용은 주황색 포스트잇에 정리하는 겁니다.

2) 메모기술이 필요합니다.

① 예습할 때 질문거리를 메모할 수 있습니다.
② 수업 시간에 선생님이 설명한 내용을 빠르게 메모할 때도 활용합니다. 예쁘게 필기하는 것을 좋아하는 학생들의 경우, 설명이나 필기가 많으면 포스트잇에 대충 적어놓고 집에 가서 다시 깔끔하게 메모합니다.
③ 영어 단어를 써서 해당하는 사물에 붙여 놓을 수 있습니다. 집에 있는 물건들에 붙여 놓는 겁니다. 좀 지저분해 보일까요? 며칠만

기간을 정해놓고 하면 어떨까요? 기억한 건 바로 떼어내고요.

④ 문제집에 활용하는 방법도 있습니다. 예를 들면 수학문제를 틀렸을 경우, 포스트잇에 틀린 이유와 알아야 할 개념 등을 문제 옆에 붙여 놓습니다.

⑤ 학교에서 발표할 때도 포스트잇에 핵심적인 내용을 메모해서 발표에 활용할 수도 있습니다.

⑥ 복잡한 내용을 표로 정리해서 붙여놓을 수도 있습니다.

⑦ 각 과목마다 어떤 때에 포스트잇을 활용하면 좋을지 하나씩만 알려드리겠습니다.

- 국어 : 문단의 주제를 적을 때 활용합니다.

- 영어 : 앞면에 문장, 뒷면에 단어를 적어 놓습니다.

- 수학 : 오답노트가 싫다면 포스트잇을 활용해도 좋습니다.

- 사회 : 주제와 핵심 키워드 몇 개를 적어 놓습니다.

- 역사 : 특징이나 순서를 적어놓습니다.

- 과학 : 실험내용을 압축해서 적어놓습니다.

3) 시험기간에 활용하기

① 포스트잇은 시험기간에 활용도가 높습니다. 사회, 역사의 경우 헷갈리거나 외워야 할 내용을 노트나 책상 곳곳에 붙여놓고 자주 봅니다. 벽이나 필통도 좋습니다. 이런 단순 암기 내용은 여러 장소에 붙여 놓습니다. 랜덤(random)으로 붙여 놓는 겁니다. 눈이 자주 가는 곳에 붙여놓으면 됩니다. 이때 유의할 점은 한 가지 내용만 기록하는 것이 좋습니다. 욕심내서 여러 내용을 적어 놓는 것은 좋지 않습니다.

② 기억해야 할 내용을 적어서 자투리 시간에 보기에도 좋습니다.

③ 수학 공식, 과학 공식 외울 때도 마찬가지입니다. 보이는 곳에 영어 단어를 붙여 놓는 것도 효과적입니다. 이렇게 되면 어쩔 수 없이 보게 되는 효과가 있습니다. 그러면 나도 모르는 사이에 저절로 외워집니다.

④ 중간고사와 기말고사의 범위를 나눌 때나, 상시평가 범위를 나눌 때도 활용합니다.

4) 계획과 목표 세울 때 활용하기

① 꿈과 목표를 기록해서 붙여 놓을 수도 있습니다.
② 계획을 세우고 시간을 관리하는 용도로도 사용합니다. 계획표 대신 포스트잇을 활용해도 좋습니다.
③ 포스트잇은 공부한 범위를 표시하는 책갈피로 활용할 수 있습니다. 또는 교과서, 문제집, 노트의 단원을 구분하는 용도로도 활용합니다.
④ 오늘의 목표나 과목 진도를 표시해서 붙여 놓기도 합니다. 책상이나 컴퓨터에 붙여 놓습니다. 교과서 앞에 오늘 할 페이지를 붙여 놓을 수도 있습니다. 문제집의 경우, 수학 문제집 2단원은 언제까지 풀어야 할지 날짜를 적어 붙여 놓을 수 있습니다.

포스트잇은 다양한 용도로 쓰이는데, 스트레스를 풀거나 기분전환을 위해 사용할 수도 있습니다. 붙이고 싶은 곳에 울긋불긋하게 마구 포스트잇을 붙이는 겁니다. 꼭 공부 내용이 아니더라도 좋습니다. 하고 싶은 말을 적어 붙이면 가라앉았던 기분이 풀리기도 합니다. 엄마가 자녀에게 스트레스를 풀라고 예쁜 포스트잇을 사서 선물로 주어도 좋을 듯합니다.

지금까지 포스트잇의 다양한 활용법에 대해서 살펴보았습니다. 어머니는 자녀 격려용으로도 활용하면 좋습니다. 긴 편지 대신 짧은 내용으로 자신감을 심어주는 겁니다. 예를 들면, 어머니들이 책을 읽거나 강의를 듣고 나서 기억나는 교훈적인 내용이나 재미있던 내용 등과 같이 좋은 글귀를 적어 자녀 책상 앞에 붙여 놓는 겁니다.

Chapter 06

엄마가 아이의 시간을 디자인 하라

하루 24시간을 25시간처럼 공부하는 비법

아이가 공부를 잘하고 싶다고 하면 이렇게 얘기해 주세요.
"생각은 2등처럼 하고 노력은 1등처럼 해라."
2등처럼 구체적인 목표를 정해서 공부하고,
1등처럼 시간을 낭비하지 말고 잘 사용하렴."

아이의 잃어버린 시간을 되찾아 주자

평소 자녀에게 시간 관리의 중요성을 많이 강조할 텐데요. 필자는 초등생들에게 시간 관리 강의를 할 때 시간의 의미를 먼저 인식시켜 줍니다. 시간의 중요성이죠. 그런 다음에 시간 계획을 잘 세워서 실천하는 방법을 알려줍니다. 이것은 뒤에 나오는 뭉치 시간 관리와 자투리 시간 관리방법입니다.

많이 하는 질문이지만, 시간은 왜 중요할까요?

후회해도 소용없고, 지나고 나면 다시 돌아오지 않기 때문이지요. 시간이 갖는 중요한 의미 중에 하나는 공평하다는 데 있습니다. 세상 사람 누구에게나 공평합니다. 공평하기 때문에 거기에는 신분도, 성별도, 재산의 많고 적음도, 지위도 아무 소용이 없습니다. 시간처럼 또 공평한 것이 있을까요? 가끔 공기라고 하는 학생도 있었습니다. 공기는 장소를 생각하면 공평하지 않습니다. 서울의 공기와 시골의 공기는 다릅니다. 시골 공기가 훨씬 몸에 좋으니 시골에 사는 사람과 도시에 사는 사람은 공평하지 않습니다. 죽는 것도 공평한 것은 아닙니다. 모든 사람이 죽기는 하지만, 죽는 시간이 모두 다르니까 공평한 것은 아니죠.

하지만 시간은 다릅니다. 세상 어디에 있건 똑같이 시간은 가고 있습니다. 정글에 있건 문명도시에 있건 같습니다. 하루 24시간이라는 양도 변함없습니다. 또한 억만장자라도 돈으로 시간을 더 살 수 없고, 권력이 있는 대통령이라도 남의 시간을 뺏어서 자기 시간으로 만들 수 없습니다. 이렇듯 하루는 누구에게나 24시간입니다.

시간을 돈으로 살 수 없고 권력으로 가질 수 없지만, 조금만 노력한다면 하루를 25시간처럼 사용할 수는 있습니다. 더도 말고 딱 한 시간만이라도 아이들에게 잃어버린 시간을 되찾아주자는 겁니다.

학생들은 하루가 25시간이 된다는 것을 이해하지 못합니다. 어머니들은 이해하시나요? 무의미하게 버리는 시간이 많기 때문에 그 시간을 사용하시면 됩니다. 필자는 학생들에게 어떻게 하면 이것을 이해시킬 수 있을까 고민하다가, 토끼와 거북이 스토리에 대입해서 설명했습니다. 어머니들도 동심을 떠올리며 읽어 보시기 바랍니다.

"토끼와 거북이가 열흘 후에 경주를 하게 됐어요. 토끼는 당연히 자기가 이길 거라 생각하고 달리기 연습을 게을리했습니다. 이에 비해 거북이는 토끼를 이기기 위해서 어떻게 해야 할지 고민을 했어요. 시간을 내서 게으름 피지 않고 연습을 많이 해야 한다고 생각했어요. 열흘이라는 시간은 연습하기에 짧은 시간이었지만 계획을 세웠어요. 지금까지 연습하던 시간에서 하루에 최소한 한 시간은 더 연습해야 한다고 생각했어요. 하루를 생각해보면서 계획을 세웠답니다.

아침잠을 줄이고 20분 일찍 일어나서 연습하는 겁니다.

거북이는 또 언제 시간을 내어 연습할 수 있을지 고민했어요. 거북이가 학교에서 공부하는 시간 중에 휴식 시간 한 번을 이용해서 연습을 하면 된다고 생각했어요. 이것이 10분입니다. 원래 그 시간은 친구들과 장난이나 치는 시간이었거든요.

나머지 30분은 언제 연습할지 고민을 다시 했어요. 집에 와서 간식 먹기 전에 30분 동안 연습하기로 했어요. 원래 간식 먹기 전까지는 주로 텔레비전 만화를 보는 시간이었거든요. 거북이는 이렇게 계획을 세우고 매일매일 실천했어요."

아이들은 귀를 쫑긋 세우고 이야기를 듣습니다. 그때 아이들에게 질문을 합니다.

"자, 거북이가 추가로 연습하는데 사용한 시간은 몇 분이죠?"

"한 시간이요."

"맞아요. 60분입니다."

"원래 하루는 몇 시간이죠?"

"24시간이요."

"거북이가 연습하는 데 사용한 시간은 원래 무슨 시간이었죠?"

"잠자고, 장난치고, 텔레비전 보는 시간이요."

"맞아요. 원래 버리는 시간이었어요. 그러면 하루는 변함없는 24시간인데 이 한 시간을 더하는 게 맞아요? 빼는 게 맞아요?"

"더하는 게 맞는 거 같아요."

"그래서 거북이는 하루를 25시간처럼 사용한 셈이 되는 겁니다."

아이들은 천진난만해서 이러한 상황을 자연스레 받아들입니다. 24시간을 25시간처럼 사용할 수 있다는 것을 아이들은 이야기를 통해 인정합니다.

이제 뭉치 시간을 어떻게 사용할 것인가를 설명할 때가 되었습니다.

아이의 하루를
뭉치 시간으로 나누자

뭉치란 덩어리를 말합니다. 한 뭉치, 두 뭉치라는 표현을 쓰곤 합니다. 시간으로 표현하면 짧은 시간이 아니라 좀 긴 시간을 말합니다. 짧은 시간인 자투리 시간과 대비되는 말입니다. 몇 분이라고 정해진 건 없습니다만, 40분 이상 되는 시간을 뭉치 시간으로 정하겠습니다. 40분 이상 공부할 수 있다면 뭉치 시간이 되는 겁니다. 특별히 40분이라고 정해 놓은 이유는 학교 수업 시간과 맞춘 겁니다. 그럼 30분은 뭉치 시간이 안 되는 것은 아닙니다. 집중해서 공부할 수 있는 충분한 시간이라면 30분, 20분도 뭉치 시간이 될 수 있습니다.

초등학생인 점을 감안해서 편의상 40분이라고 한 겁니다.

사실 초등학생들은 시간 개념이 없습니다. 스스로 시간을 사용할 수 있다는 생각을 못합니다. 그렇기 때문에 시간의 중요성과 계획의 중요성을 차근차근 반복적으로 알려주어야 합니다. 어린이들이 읽을 수 있는 시간 관리 책도 좋습니다. 교육기관이나 문화센터에서 하는 시간관리 강좌도 추천합니다. 중학년 때부터 뭉치 시간을 제대로 사용하는 법을 익혀야 합니다. 어떻게 하면 초등학생들에게 시간을 효율적으로 사용하는 방법을 알려줄 수 있을까요?

공부계획을 세울 때 시간대별로 계획을 세우는 것은 아주 좋지 않습니다. 특히 초등학생들에게는 너무도 가혹합니다. 이때 뭉치 개념을 활용하는 겁니다. 하루를 세 뭉치나 네 뭉치로 나누어서 사용하면 편리합니다. 24시간을 3등분해서 사용해 볼까요.

1) 아침에 눈을 떠서 학교에서 지내는 시간까지를 첫 번째 뭉치 시간으로 합니다.
2) 학교수업 마치고 저녁 먹기 전까지를 두 번째 뭉치 시간으로 합니다.
3) 세 번째 뭉치 시간은 저녁을 먹고 자기 전까지의 시간입니다.

각각의 뭉치 시간에 해야 할 일을 정하면 됩니다. 사실 첫 번째 뭉치 시간 동안 40분 이상 시간을 내서 스스로 공부할 여유는 없습니다. 쉬는 시간이나 점심시간을 활용하는 자투리 시간만 있습니다. 학교수업을 마치고 난 이후 두 번째, 세 번째 뭉치 시간에 자습 시간이 있습니다. 이것도 다니는 학원 수에 따라서 자습 시간의 양이 결정됩니다.

중학년들은 첫 번째 뭉치 시간에는 학교생활에 충실하고, 두 번째 뭉치 시간에는 학교 숙제를 포함한 예습과 복습을 하고, 세 번째 뭉치 시간에는 독서나 취미활동을 합니다. 이런 식으로 계획을 세웁니다. 그러면 아이들도 수월하게 시간 활용을 할 수 있습니다.

고학년은 중학년보다 학습량이 많기 때문에 학습 시간을 늘리는 것이 좋습니다. 방과 후 활동을 하고 학원을 다니는 학생도 있기 때문에 거기에 맞추어 조금 구체적으로 학습계획을 세우도록 합니다. 시간을 조금 더 세분해서 4등분해도 좋습니다. 네 뭉치로 나누는 것이지요. 예를 들어 간략히 표로 설명하면 보기가 편할 겁니다. 학원 다니는 학생들의 경우, 아래와 같은 형식으로 계획을 세웁니다.

4등분	시간
첫 번째 뭉치	7시 ~ 2시 30분 : 아침공부, 학교수업 종료
두 번째 뭉치	2시 30분 ~ 5시 30분 : 방과 후 활동 or 학원, 독서
세 번째 뭉치	5시 30분 ~ 8시 : 복습, 예습, 저녁식사
네 번째 뭉치	8시 ~ 11시 : 복습, 학원 숙제 or 취미 활동

물론 학생마다 상황이 달라서 표의 시간이나 내용이 얼마든지 달라질 수 있습니다. 시간을 잘게 쪼개는 것보다, 3등분 혹은 4등분으로 나누어 하루를 사용하는 의미만 이해하면 됩니다.

이것은 방학생활에도 마찬가지입니다. 아침에 일어나서 밤에 잠자기 전까지 3등분 혹은 4등분으로 나누어 생활하면 편리합니다. 더 구체적으로 나눌 경우에 5등분까지도 좋습니다. 이 경우는 공부를 주도적으로 하는 학생이라야 합니다. 그 이상은 복잡해지기 때문에 5등분까지가 최대치입니다.

자투리 시간을 알아두면
모든 시간이 의미 있다

　자투리 시간은 남는 시간을 의미합니다. 무엇인가를 할 수 있는 짧은 시간입니다. 초등학생의 경우 자투리 시간은 보통 10분에서 20분은 되어야 한다고 봅니다. 중·고등학생이야 3분~5분도 영어 단어 두세 개는 외울 수 있는 시간이라 가능하지만, 아직 시간 개념이 약한 초등학생에게 3분~5분은 무리입니다.

　중·고등학생들은 하루에 주어지는 자투리 시간이 많습니다. 아침 공부 시간, 등교시간, 학교 쉬는 시간, 점심시간, 학원 왔다 갔다 하는 시간, 친구 기다리는 시간, 화장실에 있는 시간 등등 찾으려면 곳곳에 보입니다. 이 많은 자투리 시간을 의미 있게 보내는 학생도 있습니다.

초등학생에게 몇 개의 자투리 시간까지 공부하라는 것은 사실상 강요에 가깝습니다. 중학년에게는 자투리 시간의 중요성과 그 시간을 모으면 웬만한 뭉치 시간이 된다는 것 정도만 이해시켜 주어야 합니다. 그래야 고학년에 올라가서 시간의 개념을 알고 스스로 사용하는 데 도움이 됩니다. 고학년은 하루에 한두 개 정도의 자투리 시간을 효율적으로 보내는 것은 아주 좋다고 봅니다. 상위권 학생은 두 개, 중위권 학생은 하나 정도입니다. 하위권 학생은 자투리 시간보다 뭉치 시간 사용에 더 치중해야 합니다.

예를 들면 아래와 같이 계획을 세울 수 있습니다.

| 고학년 중에 상위권 | 아침공부 20분 | 학교 쉬는 시간 10분 |
| 고학년 중에 중위권 | 학교 쉬는 시간 10분 or 점심시간 10분 | |

상위권 학생은 조금 일찍 일어나서 20분 정도 공부하고, 쉬는 시간 틈틈이 10분 공부하면 좋습니다. 중위권이라면 쉬는 시간이나 점심시간 중 한번만 하는 것이 적당합니다.

자투리 시간 공부는 복습을 위주로 합니다. 새로운 내용을 공부한다든가 너무 어려운 개념을 이해하는 것은 좋지 않습니다. 노트를 훑어본다든가, 유인물을 본다든가, 수학 틀린 문제를 다시 풀어본다든가 합니다. 한자 공부도 좋습니다. 학원 숙제하는 것도 바람직합니다.

Chapter 07

공부하는 이유를 알면 공부가 쉬워진다

각 과목을 완벽하게 파악하는 핵심 공부법

다산 정약용은 이렇게 얘기했습니다.
"백성과 나라에 도움이 되는 책은 반드시 문단마다 이해하고
구절마다 탐구해 가면서 읽어야 한다.
한낮의 졸음이나 쫓는 태도로 읽어서는 안 된다."
대충대충 읽지 말고 의미를 새기면서 깊이 있게 생각하라는 말입니다.

국어 공부, 중심 주제를 찾게 하라

국어 공부는 왜 할까?

이런 생각해 본 적 있으신가요? 자녀에게도 물어 보세요. 어떤 대답이 돌아올지 궁금합니다.

강의할 때 학생들에게 물어보면 그들도 순간 당황합니다. 국어 공부를 해 왔지만 왜 하는 지를 한 번도 생각하지 못했다는 표정입니다. 누군가가 물어보지도 않았을 겁니다. 이건 아마 다른 과목도 마찬가지입니다.

이러한 질문은 묘한 기대감을 갖게 합니다. 국어 공부하는 이유를 알면 좀 더 공부를 쉽게 하지 않을까 하는 기대감이요. 사실상 국어는 정답이 하나라고 볼 수 없는 독특한 과목입니다. 이것은 국어 시험문제를 보면 알 수 있습니다. 이런 문제가 종종 있습니다.

지문을 읽고 '가장 옳은 답을 고르시오' 와 같은 형태의 문제입니다. 다른 답도 틀리지 않았지만 최선의 답을 고르라는 문제입니다. 국어 외 다른 과목, 예를 들면 수학 문제에서 '가장 옳은 답을 고르시오'라는 문제가 있습니까? 이것은 사회도, 과학도 마찬가지입니다. 억지로 만들지 않는 이상 이런 형태의 문제는 있을 수가 없습니다. 국어 과목만 가능합니다.

이렇게 정답과 혼동되는 답을 '매력적인 오답'이라고 합니다. 이 말은 국어 선생님들이 사용하는 공식(?)용어입니다. 매력적인 오답에 현혹되어서는 안 됩니다.

구체적으로 예를 들어보겠습니다. 소설을 읽을 때 주인공의 갈등 장면을 해석할 때 정확히 "이것만이 정답이야"라고 말할 수는 없습니다. 왜냐하면 국어는 감상하는 사람마다 해석이 달라지기 때문에 이 사람 생각도 답이 되고, 저 사람 생각도 답이 될 수 있기 때문입니다. 시는 더더욱 그렇습니다. 시를 쓴 시인이 아닌 이상 시를 감상하는 사람마다 해석이 달라집니다. 결국 국어 시험은 작가 혹은 출제자의 마음을 가장 잘 헤아릴 줄 알아야 그것이 최선의 답이 되는 겁니다.

이런 까닭에 국어를 잘하려면, 매력적인 오답을 고르지 않으려면 정보처리를 잘해야 합니다. 정보처리란 말이 어렵게 느껴지시죠?

쉽게 풀이하면 국어에서 정보처리란 옳고 그름을 구별하는 능력을 의미합니다. 여러 정보 중에서 가장 적절하고 알맞은 정보를 찾아내는 겁니다. 이것이 국어를 공부하는 이유입니다. 정보처리를 잘하느냐 못하느냐에 따라 국어실력을 좌우합니다.

국어공부는 기본적으로 글의 종류를 알아야 하고 주제를 찾아낼 줄 알아야 합니다. 문단의 주제와 전체 주제를 파악하는 능력입니다. 소설의 경우 발단, 전개, 위기, 절정, 결말의 각 주제를 찾아내야 합니다. 전체 주제도 파악해야 합니다.

시는 각각의 연마다 주제를 찾아내야 합니다. 아울러 전체 주제도 파악해야 합니다. 설명문과 논설문도 마찬가지로 서론, 본론, 결론의 주제와 전체 주제를 파악해야 합니다.

사실 국어는 문단이건, 전체 글이건 중심 주제를 잘 찾아낼 수 있다면 국어 공부의 3분의 2는 끝낸 셈입니다. 그 정도로 주제 파악하기는 중요합니다. 주제 찾기가 독해능력과 직결되기 때문입니다.

5장에서 중심내용 정리방법을 배웠습니다. 기억날 겁니다. 그와 비슷한 방법으로 주제 찾기 훈련을 시키면 됩니다. 가장 좋은 방법은 자습서를 활용하는 겁니다. 자습서에는 문단이 나누어져 있고 주제가 정리되어 있습니다. 이러한 이점을 활용하는 겁니다. 작품은 소설도 좋고 설명문, 논설문, 수필도 좋습니다. 문단이 잘 나누어져 있고 읽기 수월한 작품이면 좋습니다.

방법은 이렇습니다.

① 교과서 작품을 선택한 다음, 자습서를 참고해서 작품 끝까지 문단마다 사선을 그어 놓습니다. 문단을 구분해 놓는 겁니다.

② 그런 다음 첫째 문단을 읽고 주제를 파악해서 연필로 살짝 적어 놓습니다. 국어 노트에 해도 됩니다.

③ 둘째 문단, 셋째 문단도 마찬가지로 읽고 주제를 파악해서 메모합니다.

④ 다 하고나서 자습서의 주제와 맞추어 봅니다. 틀린 문단은 다시 내용을 들여다보면서 왜 틀렸는지 이해를 합니다. 틀린 문단은 별도로 표시를 해 놓고 나중에 복습하면서 다시 주제를 찾아보도록 합니다.

⑤ 작품이 긴 경우에는 나누어서 해도 됩니다. 절반 혹은 3분의 1정도만 먼저 주제를 찾고 확인한 다음에 하루 이틀 후에 주제 찾기를 계속해도 좋습니다.

⑥ 자습서를 활용한 주제 찾기는 주말에 한 작품씩 두세 달만 훈련하면 상당히 빠르게 주제를 찾을 수 있게 됩니다.

이런 훈련을 통해 중심내용 찾기가 수월해 지면 다른 과목 읽기에도 도움이 됩니다. 그렇기 때문에 자녀에게 문단의 중심내용 찾는 훈련을 시키면 정말 좋습니다.

수학 공부,
한 문제라도 정성껏 풀게 하라

간깐하기로 소문난 선생님이 있었습니다. 4학년 수학 수업에 들어와서 이렇게 말하고 나가는 겁니다.

"30분 줄 테니까 두 장 풀어놔."

아이들은 선생님이 설명도 해 주지 않고 나가자 웅성거립니다.

"혼자 어떻게 풀라고……."

어떤 학생은 작은 소리로 불만을 토로합니다. 혼자 풀면서 생각하는 습관이 안 된 학생들은 어떻게 할지 몰라 합니다. 떠들고 야단입니다. 몇 명의 아이들만 문제와 씨름을 합니다.

선생님이 들어와서 과제 검사를 합니다.

"이 문제를 잘 못 풀겠어요."

"더 생각해 봐."

다른 학생에게 갑니다.

"세 문제가 너무 어려워서 못 풀었어요."

마찬가지로 더 생각해 보라고 한 후 다른 학생 앞으로 갑니다.

"선생님, 여기까지는 풀겠는데 다음부터 모르겠어요. 그리고 최대공약수의 약수가 공약수가 된다는 말이 잘 이해가 안 가요."

그러자 선생님은 이 학생에게 알기 쉽도록 힌트를 줍니다.

선생님이 앞으로 와서 이렇게 얘기 합니다.

"여러분이 수학 문제를 풀 때 스스로 생각을 많이 해야 돼요. 질문을 할 때도 무작정 이 문제 못 풀겠다고 하지 말기 바랍니다. 여기까지는 풀겠는데 다음부터 풀이가 안 된다든지, 혹은 아는 만큼 여러분의 생각을 얘기하세요. 알겠죠?"

국어 학자가 되기 위해 국어를 배우는 것은 아닙니다. 마찬가지로 수학자가 되기 위해 12년 동안 수학에 매달리는 것은 아닙니다. 사람들은 수학이 대학을 졸업하고 사회에 나오면 아무 쓸모없다고 말하지만 그것은 큰 착각입니다.

알고 보면 우리가 살고 있는 사회에서 어느 것 하나 수학이 들어가지 않은 것이 없습니다. 우리가 사용하는 제품, 집이나 빌딩 등의 건물, 차량, 인공위성 등등 이루 말할 수 없이 많습니다. 조금만 수학적 오차가 나도 불량품이 되거나, 사고를 유발합니다.

수학은 사고의 학문입니다. 살면서 인수분해를 몰라도 되고, 함수를 몰라도 됩니다. 더구나 행렬의 연산을 어디다 써먹겠습니까? 하지만 인수분해를 풀고, 함수를 해결하고, 행렬의 연산을 생각하는 과정에서 어떤 일을 처리할 때의 능력을 키우게 됩니다. 우리는 그것을 합리성, 논리성이라 부릅니다. 바로 이것이 수학을 공부하는 이유입니다.

12년 동안 배운 수학의 과정이 사회생활을 하는데 합리적이고 논리적인 생각과 선택을 하는 밑천이 됩니다. 따라서 학교 다닐 때 열심히 수학을 배워야 합니다. 자녀에게 이렇게 수학의 중요성을 올바로 알려주어야 합니다. 수학은 어렵고 지겹지만, 나를 위하고 사회를 위해서 꼭 해야 하는 학문이라는 점을 알게 해 주어야 합니다.

어떤 분이 이렇게 얘기합니다.
"초등수학, 뭐 할게 있어요. 산수만 잘하면 되지."

천만의 말씀이지만, 일부분 맞기도 합니다. 수학은 개념이해 이전에 연산과의 싸움이니까요. 초등과정에서 연산능력과 기초 개념을 이해하고 중학교에 올라가야 합니다. 그래야 중학수학의 개념이 잡히고 고등수학을 풀어가는 데 어려움이 없습니다. 사실상 5~6학년에 배우는 수학의 개념이 상당히 중요합니다. 이때 수학의 흥미를 놓치면 회복이 쉽지 않습니다.

수학 문제를 대하는 3단계 과정은 이렇습니다.

1단계 : 문제를 살펴보면서 어떤 개념을 적용할 것인지 생각해야 합니다.

문제를 읽고 전체적인 풀이과정을 머릿속에 그리도록 합니다. 이 개념을 적용해서 이렇게 풀면 되겠다는 식으로요. 머릿속에서 물 흐르듯이 생각해야 합니다. 만일 어떤 개념을 적용해야 하는지는 어렴풋이 알겠는데 어떻게 시작하고 풀이해야 하는지를 모르겠다고 하면, 개념공부를 다시 해야 합니다. 이 문제를 해결할 수 있는 개념공부를 다시 해야 합니다.

2단계 : 손으로 써 가면서 이해합니다.

머릿속에서 생각한 풀이과정을 손으로 써 나갑니다. 이때 아무렇게나 풀지 말고 노트 절반을 접어서 풀이과정을 차례대로 적게 합니다. 풀고 나서 과정을 검산합니다. 문제를 풀 때 답을 해결해야 된다는 생각만 가지지 말고, 이게 맞는지 풀이과정을 확인해야 합니다. 머릿속에서는 알겠는데 풀이가 안 된다면, 그 이유가 무엇인지 생각해 보게 합니다. 고민을 해도 해결이 안 되면 일단 체크해 놓고 다음 문제로 넘어갑니다.

3단계 : 매일 오답 한 문제라도 정성껏 풉니다.

한 번 풀 때 꼭 수십 문제를 풀어야 하는 것은 아닙니다. 매일 열 문제라도 생각하면서 풀면 기계적으로 20~30문제 푸는 것보다 훨씬 낫습니다. 수학은 오답 한 문제라도 매일 풀겠다는 마음이 있어야 합니다. 틀린 문제 속에 감추어진 비밀을 풀어내야 합니다. 매일 오답 한 문제면, 일주일이면 일곱 문제입니다. 한 달이면 30문제입니다. 6개월이면 180문제입니다. 수학은 단 몇 문제라도 매일 풀어야 한다는 마음가짐을 갖게 해 주십시오.

사회 공부, 전체와 부분 그리고 생소한 용어를 잡아 주자

대체로 자녀들이 사회를 어려워한다는 것을 어머니들도 알고 있을 겁니다. 생소한 어휘가 많고 내용이 재미없기 때문입니다. 국어나 역사처럼 스토리가 있지도 않으며, 수학처럼 문제를 풀어가면서 해결하는 쾌감도 없고, 과학처럼 흥미를 자극하는 내용도 아니기에 더욱 그렇습니다.

사실 사회(역사 포함)와 과학은 개념정리만 잘하면 공부의 80%는 끝낸 겁니다. 2장에서 개념 정리라는 것이 기본적으로 용어의 뜻을 제대로 이해하는 힘이라고 했습니다.

어머니들도 이런 경험이 있을 겁니다. 등장인물의 이름이 낯선 외국 소설책을 읽다 보면, 그것도 집중해서 읽지 않으면 뒤로 갈수록 내용이해가 안 되고 누가 누구인지 헷갈립니다. 아이들 입장에서 사회 공부도 이와 마찬가지입니다. 생소한 단어가 계속 등장하다보면 읽는 것이 짜증나고, 무슨 내용인지 이해가 안 가서 헷갈립니다. 그나마 다양하게 책을 읽어 어휘력이 풍부한 학생들은 사회를 어려워하지 않습니다.

따라서 기본적으로 이렇게 공부하면 좋습니다.

* 첫 번째 방법 : 전체와 부분과의 관계를 이해합니다.
전체와 부분과의 관계란, '국가 속에 사회가 있고 사회 속에 가정이 있다'고 한다면 이해가 갈 겁니다. 더 쉽게 얘기하면 가방 속에 필통이 있고 필통 속에 필기구가 있는 구조가 사회구조입니다. 사회를 공부하는 목적도 전체와 부분의 관계에 있습니다. 거대한 사회와 나와의 관계를 알고 바람직한 사회인으로 성장하기 위함입니다. 사회 공부를 할 때 이렇게 전체와 부분을 이해하고 읽으면 좀 더 쉽게 다가옵니다.

4학년 사회 '경제생활과 바람직한 선택' 단원의 차례를 보겠습니다.

> '경제생활과 바람직한 선택'
>
> 1. 현명한 선택
>
> 2. 생산 활동과 직업의 세계
>
> 3. 가정의 살림살이
>
> 4. 소비자의 권리와 책임
>
> <4-2사회교과서, 경제생활과 바람직한 선택, p7, 두산동아(주)>

본문을 읽어 보면서 각 주제의 키워드만 가지고 다시 정리해 보겠습니다.

> '경제생활과 바람직한 선택'
>
> 1. 현명한 선택 - 자원과 돈이 있어야 한다
>
> 2. 생산 활동 - 기업이 한다
>
>   직업 - 농업, 임업, 어업 → 농부, 어부
>   - 제조업, 건설업 → 자동차부품 생산자, 건설업자, 식품제조업자
>   - 서비스업 → 은행원, 판매원, 예술가, 연예인 등
>
> 3. 가정의 살림살이 - 소득이 있어야 생활한다
>
> 4. 소비자의 권리 - 보호받을 권리, 보상받을 권리, 정보를 제공받을 권리 등등
>
>   소비자의 책임
>   소비자 문제
>   소비자 단체
>   생산자와 판매자의 책임

경제생활이라는 전체 속에 여러 가지 부분이 있음을 알 수 있습니다. 그 부분 속에 더 작은 부분이 있는 거고요. 한 번 볼까요.

자원과 돈으로 선택이 이루어집니다.

생산 활동을 합니다. 생산 활동은 주로 기업이 담당합니다.

수많은 직업이 존재합니다. 그리고 각각의 직업에 종사하는 사람이 있습니다.

가정도 있습니다. 가정은 소득으로 경제생활을 합니다.

소비자, 생산자, 판매자도 있습니다. 각자 권리와 책임이 따릅니다.

이런 식으로 정리하고 보니까 훨씬 이해가 잘됩니다. 따라서 사회 과목을 지도할 때, 무작정 읽지 말고 전체와 부분의 관계를 헤아리면서 읽고 정리하면 어렵지 않습니다. 물론 사회 과목을 보는 눈이 트이기까지는 많이 읽고 생각하는 시간이 있어야 할 겁니다.

* 두 번째 방법 : 생소한 용어가 등장하면 그 용어가 들어간 문장을 세심하게 읽고 용어의 뜻을 잘 생각해야 합니다.

앞의 예 '경제생활과 바람직한 선택'에서 '생산 활동과 직업의 세계'를 배웁니다. 처음 내용에서 생산 활동을 이렇게 설명합니다. 생산 활동이 무엇인지 잘 알아야 하는데, 이야기책 읽듯이 넘어가지 말고 집중해서 생각을 합니다.

> 사람들에게 필요한 것을 자연에서 얻는 활동, 생활에 필요한 것을 만드는 활동, 생활을 편리하고 즐겁게 해주는 활동을 생산 활동이라고 합니다. 오늘날 대부분은 기업에서 이루어지고 있습니다.
>
> <4-2사회교과서, 경제생활과 바람직한 선택, p16, 두산동아(주)>

두세 번 읽으면서 동그라미 또는 밑줄을 치거나 메모를 하면 더 좋습니다.

'아, 생산 활동은 사람에게 필요한 것을 얻고, 만들고, 편리하게 해주는 활동이구나. 그리고 기업이 그런 일을 하는구나.'

이렇게 정리하는 습관이 있어야 합니다. 이것은 1장의 기본 마음가짐에서 보았던 개념이해와 같습니다. '~은 ~이다'가 개념표현 방식이라고 했던 것입니다.

그럼 하나의 주제를 더 보겠습니다. '소비자의 권리와 책임'에 대한 주제도 배웁니다. 소비자의 권리를 설명하는 부분에서 이런 내용이 나옵니다.

> 소비자 피해를 미리 막고 줄이기 위해서는 소비자의 권리를 정확하게 알고 그 권리를 정당하게 주장할 수 있어야 합니다.
>
> <4-2사회교과서, 경제생활과 바람직한 선택, p39, 두산동아(주)>

이 내용도 두세 번 반복해서 읽으면서 이러한 생각을 할 수 있어야 합니다.

'아, 소비자의 권리라는 것이 피해를 막고, 정당하게 주장하는 것이구나.'

이렇게 말입니다. 그래야 다음에 이어지는 내용들도 쉽게 이해가 됩니다.

전체와 부분 간의 관계를 이해하고 생소한 용어가 들어간 문장에 집중하는 습관을 들이면 사회가 어렵지 않다고 느낄 수 있습니다.

역사 공부,
아이의 하루 속에 다 들어있다

　　　　　　사회 과목 못지않게 학생들에게 고달픈 과목이
역사입니다. 개정 전에는 5학년에서 배웠는데, 개정 후에는 5, 6학년
에 걸쳐 한 학기씩 배웁니다. 방대한 역사를 1년에 마치기가 자녀에게
는 버거울 겁니다.
　역사 공부도 사회 공부 못지않게 어려운 용어도 많고 딱딱하기는
마찬가지입니다. 그나마 나라, 인물, 사건 등의 스토리가 있어서 조금
적응할 만합니다.
　역사는 시간입니다. 현재의 시간도 곧 역사가 됩니다. 역사의 삶이

나 현재의 삶이나, 인간의 삶이니만큼 비슷합니다. 역사는 시간이기 때문에 흐름을 잘 파악해야 합니다. 자녀의 하루 시간에 비유해서 이해시키면 무엇을 공부해야 할지 알게 됩니다.

> 하루는 크게 아침시간, 점심시간, 저녁시간으로 나뉩니다. 각각의 상황에서 사건이 벌어지고 인물을 만납니다. 오전 체육시간에 옆 반 친구들과 축구시합을 합니다. 우리가 3대 2로 이겼습니다. 오후 미술시간에 그림을 그렸습니다. 나는 인물화를 그렸고 친구는 풍경화를 그렸습니다. 짝이 그린 그림과 내가 그린 그림을 비교해 보았습니다. 저녁을 먹고 가족들과 텔레비전을 보며 이야기를 나누었습니다.

아침, 점심, 저녁은 시대별로 나눈 큰 흐름입니다. 오전 시간표가 있고 오후 시간표가 있습니다. 시간표는 나라의 조직에 비유할 수 있습니다. 옆 반과의 축구시합은 나라와 나라 사이의 관계를 의미합니다. 일종의 사건입니다. 오후 미술 시간에 그린 그림에는 특징이 있습니다. 내가 그린 미술작품의 특징과 친구가 그린 미술작품의 특징은 다릅니다. 가족과 저녁 식사 후 텔레비전 시청은 시대를 알 수 있는 문화를 말하는 겁니다.

이렇게 '나의 하루'를 통해 역사에서 공부해야 할 개략적인 내용을 이해할 수 있습니다.

정리해보면,

1) 역사는 흐름을 아는 것이 필요합니다.

2) 각 나라의 제도와 조직을 알아야 합니다.

3) 나라 사이의 관계를 알아야 합니다.

4) 사건의 원인-과정-결과를 알아야 합니다.

5) 시대, 단체, 유물의 특징을 알아야 합니다.

6) 각 시대와 나라의 문화를 알아야 합니다.

이밖에 역사 공부를 위한 두 가지 팁을 드리겠습니다.

1) 역사 공부에 대한 거부감 없이 수용적 태도를 기르기 위해서는 아무래도 책의 힘을 좀 빌려와야 합니다. 3, 4학년 때 만화로든 이야기책으로든 배경지식을 쌓아두는 것이 좋습니다. 처음에 역사 공부를 재미있게 하는 방법은 인물의 일대기 중심으로 들여다보면 쉽게 다가갈 수 있습니다.

2) 견학활동을 합니다. 박물관이나 유적지를 통해 역사적 사실과 인물들의 업적을 살펴볼 필요가 있습니다. 다산 정약용 전기를 읽었다면, 경기도 남양주 마현 마을을 찾아갑니다. 여기에 가면 다산 정약용 생가가 있습니다. 다산 유적지, 실학 박물관 등이 있어 초등생들이 부모님과 견학을 많이 오는 곳입니다. 유적지를 찾아가기 전에 인터넷으로 정보를 대충이라도 알고 가면 견

학에 도움이 됩니다. 여기서 멈추지 말고 다산과 관련된 또 다른 유적지가 없나 조사를 합니다. 여유가 되면 아이들을 데리고 강진 다산초당도 방문해 봅니다. 그러면 더욱 다산 정약용에 대해서 머릿속에 정리가 됩니다. 이렇게 한 인물과 관련된 곳을 두루 방문해 보는 겁니다.

이순신 장군도 마찬가지입니다. 이순신 장군에 관한 책을 읽고 나서 충남 아산 현충사를 방문합니다. 그러고 나서 시간적 여유가 될 때 아이들과 함께 제승당까지 방문합니다. 제승당은 통영 여객터미널에서 15분 정도 배타고 한산도로 들어가면 견학할 수 있습니다. 통영으로 다시 나와 이순신 장군 공원을 둘러보는 것도 의미가 있습니다.

이렇게 한 인물과 관계있는 유적지들을 찾아 견학하면 아이들이 역사에 대해서 풍부한 지식과 그 의미를 제대로 새길 겁니다. 중학교 때도 좋지만, 초등학교 때 여행 삼아 자녀들에게 이러한 선물을 주는 것도 뜻 깊다고 봅니다.

역사를 배우는 목적은 무엇일까요? 무엇보다 통찰력을 기르기 위함입니다. 아이들에게 과거의 역사를 알게 해서 현재와 미래를 살아가는 지혜를 주자는 겁니다. 역사에서 교훈을 얻으면 실수를 되풀이하지 않거나 줄이면서 현재의 삶이 행복할 수 있습니다.

과학 공부,
아이의 호기심을 존중하라

꽃가게를 지나가다가 엄마가 "와우, 꽃 예쁘다" 하며 멈추었습니다. 3학년 딸도 멈추어 서서 호기심으로 바라봅니다. 아이가 이렇게 얘기합니다.

"엄마, 꽃들이 다 달라. 색깔도 다르고 크기도 달라."

향기를 맡아 보더니 향기도 다르다고 말합니다. 그리고 엄마에게 이렇게 묻습니다.

"엄마, 왜 꽃들은 모두 다른 거야?"

이럴 때 엄마는 어떤 대답을 해야 할까요? 이런 대답은 어떨까요.

"너하고 엄마하고 얼굴 모습과 크기가 다르지? 저기 꽃집 아저씨와도 다르잖아. 사람이 다른 것처럼 꽃들도 똑같은 모습이 없는 거야. 향기도 마찬가지야. 엄마 만의 향기가 있지?"

"맞아. 엄마는 앞치마 냄새가 나."

과학을 수용하는 태도를 기르기 위해서는 어떻게 해야 할까요?

과학의 발전은 인간의 호기심에서 출발했습니다. 따라서 아이들도 호기심이 있어야 과학에 관심을 가지게 됩니다. 학교에서는 탐구나 실험활동을 통해 호기심을 발휘하게끔 합니다. 아이의 호기심을 끌어내기 위해서 엄마가 해줄 수 있는 일은 관찰의 상황을 만들어 주거나, 새로운 경험을 하게 해 주는 것입니다. 자연체험, 여행, 질문, 전시회 견학 등 찾아보면 많습니다.

구체적으로 과학 공부를 잘하기 위해서 꼭 필요한 것이 있습니다. 현상에 대한 이유를 묻고 정리하게 해 주세요. '이유가 뭘까?'를 깊이 있게 생각하고 여기에 집중하도록 해야 합니다.

예를 들면 4학년 과학에서 '화산과 지진'을 배웁니다. 차례를 살펴보겠습니다.

화산과 지진

1. 분출하는 화산

    1) 화산이 분출할 때 나오는 물질은 무엇일까요?

    2) 화산의 모양은 모두 같을까요?

    3) 화산 모형을 만들어 볼까요?

    4) 화산활동에 의해 만들어진 암석은 무엇일까요?

    5) 화산활동은 우리생활에 어떤 영향을 미칠까요?

2. 흔들리는 땅

    1) 지진은 왜 일어날까요?

    2) 지진의 세기는 어떻게 나타날까요?

    3) 지진은 어떤 지역에서 자주 발생할까요?

    4) 지진의 피해를 줄이려면 어떤 노력을 해야 할까요?

<4-2과학교과서, 화산과 지진, p116~140, (주)금성출판사>

차례를 조금 비틀어서 질문으로 바꾸어 보겠습니다. 그러면 이렇게 됩니다.

"화산이 분출하는 이유는?"

"화산의 모양이 다른 이유는?"

"지진이 일어나는 이유는?"

"지역마다 지진이 다른 이유는?"

이런 식으로 아이에게도 이유에 대한 고민을 하게 해야 합니다. 이러한 고민 없이 교과서나 자습서를 읽어나가는 것은 반쪽 자리 공부입니다. 이렇게 어떤 현상에 대한 이유를 알고 나면 나머지 학습내용은 쉽게 다가갈 수 있습니다.

'화산 활동에 의해 만들어진 암석', '화산 활동의 영향', '지진의 세기', '지진 피해' 등은 좀 더 쉽게 느껴집니다. 이렇게 이유를 고민하는 과학 공부를 하면, 과정을 알고 결과를 예측하기가 쉬워집니다.

특히 과학은 실험활동이 중요합니다. 실험(탐구)활동을 통해 이유, 과정, 결과를 제대로 알게 해야 합니다.

6학년 과학에서 '날씨의 변화'를 배웁니다. 이때 '이슬, 안개, 구름, 비는 어떻게 생길까요?'를 이해하기 위한 실험을 합니다. 이 실험을 통해서 이슬, 안개, 구름, 비가 생기는 이유를 이해하게 됩니다. 따라서 실험활동을 통해 현상의 이유, 과정, 결과를 정리해야 합니다. 다른 실험도 마찬가지입니다. 반드시 이유, 과정, 결과를 파악해서 정리하게 해 주세요.

과학을 공부하는 목적은 무엇일까요? 풍요로운 삶을 위해서입니다. 과학이 발전하면서 인간 삶의 풍요를 가져왔지만, 자연을 파괴하는 역행을 저지르기도 했습니다. 물질적으로 편리해지기는 했지만 100년, 500년 전보다 정신적으로는 더 풍요로운지는 한번 생각해 볼 문제입니다. 잘 산다는 기준은 시대마다 다르기 때문입니다.

> 글을 맺으며

무서운 이야기
우리나라는 교육 때문에 망한다!

우리나라 교육에 대한 필자의 솔직한 생각을 얘기해 보겠습니다.

십년수목백년수인(十年樹木百年樹人)은 『관자』에 나오는 고사성어입니다. 관자는 춘추시대 제나라 사상가인 관중을 말합니다. '10년을 내다보며 나무를 심고, 100년을 내다보며 사람을 심는다.'는 뜻으로 '교육은 백년대계(百年大計)'와 같은 의미입니다. 하지만 초등학생조차 학업 스트레스가 세계 최고인 우리나라에는 결코 어울리는 말이 아니죠.

아이를 키우는 한국 국민들만이 아니라 세계적인 학자들과 유력 언론들이 한국의 교육을 지속적으로 비판해 왔습니다. 어제 오늘의 일이 아닙니다. 세계적인 미래학자 엘빈 토플러가 한국의 교육제도는 전면적으로 개편되어야 한다며 비판했습니다. 미국, 스웨덴, 프랑스 등 선진국들의 언론도 한국 교육시스템을 강도 높게 비판합니다. 특히 프랑스 르몽드지는 한국의 교육이 교육 강박증에 과도한 경쟁교육으로 불행한 학생들을 양산하고 있다고 비판합니다.

비판을 받는 대표적인 키워드는 성적 지상주의, 조기교육, 승자독식, 학벌주의, 대학서열화 등입니다. 여기에 행복, 창의성, 주도성이 낄 자리는 없습니다. 교육열과 학업 성취도는 세계적으로 최고 수준에 가깝지만 효율성과 행복감은 꼴찌라는 평가들은 이미 많이 나오고 있습니다. 한국의 교육은 갈수록 위험한 도박이 되어 가고 있습니다. 이러한 분위기로 볼 때 한국은 교육으로 망한다는 사람들의 말이 허언은 아니라고 생각합니다. 필자 또한 경험적으로 볼 때 결코 생각이 다르지 않습니다. 사실 한국이 교육으로 망한다는 분위기는 전부터 상당히 체감하고 있었습니다. 교육으로 망한다는 의미를 어떻게 해석할 거냐의 차이는 있을 겁니다.

대대로 대물림 되는 이러한 경쟁교육 속에서 어려서부터 좋은 대학, 돈 많이 버는 학과를 선호하는 현상이 뚜렷해지고, 대학에 들어간 학생들 중에 졸업하고 전공을 직업으로 꾸준히 이어가는 사람은 소수에 불과합니다. 부모들은 꿈도 중요하고 예술도 운동도 중요하다고 고개를 끄덕이지만, 마음속으로는 성적보다 중요한 것은 없다고 생각합니다. 이것이 대한민국 부모들의 변하지 않는 진리입니다.

이러한 교육시스템 안에서 성장하고 사회인이 됩니다. 자녀를 낳고 또 다시 그 자녀에게 더욱 강도 높은 교육을 강요합니다. 이러한 교육 마인드를 가지고 정치, 경제, 사법, 언론, 교육 각 분야에 진출하기 때문에 문제는 더 심각해집니다. 우리나라 정치수준이 낙제점(?)에 가까운 것은 잘못된 교육에서 연유한 것이 아닐까요? 또한 경제 분야도 마찬가지입니다. 한국에서는 경주 최부자, 조선 정조시대 여성 기업인 김만덕(1739~1812), 유한양행 설립자 유일한(1895년~1971), 간송 미술관 설립자 간송 전형필(1906~1962)이 부자다운 부자로 손꼽히는 정도입니다. 존경하는 부자에 30대 재벌의 창업주나 2세들의 이름이 있을까요? 오직 재벌권력, 문어발 확장, 정경유착이라는 이름만이 국민들의 가슴속에 남아 있을 뿐입니다. 이것이 교육과 무관하지 않은 한국의 비참한 현실입니다.

한국과 같은 교육경쟁국에서 노벨상 수상자가 나오지 않는 이유를 두고 말들을 많이 합니다. 효율성과 창의성이 부재한 교육시스템에서는 과학과 경제 분야에서 노벨상 수상자가 나오는 것이 낙타가 바늘구멍에 들어가는 것만큼이나 어렵습니다. 노벨상 자연과학 부문에서 이웃 나라 일본은 2008년 노벨 물리학상에 이어 2014년 노벨 물리학상을 3명이 공동수상 했습니다.

노벨상이 잡음이 없지는 않지만, 국력의 지표를 부인할 수는 없습니다. 노벨상은 받기도 힘들지만 후보로 올라가기도 쉽지 않습니다. 미국, 영국, 프랑스, 독일, 러시아, 일본이 대표적인 노벨상 국가입니다. 나라의 최종 경쟁력은 과학발전에 있습니다. 지금과 같은 교육 시스템에서는 결코 앨프레드 노벨, 아이작 뉴턴과 같은 과학자가 나오기 힘들 겁니다.

일본도 한국만큼 교육 경쟁률이 만만치 않습니다. 그런데 왜 일본은 노벨상을 받는 과학자들이 나오는 걸까요? 일본에서의 교육은 한국 교육처럼 무한 경쟁이 아닙니다. 한국의 서울대와 비교되는 동경대에 들어가려고 경쟁이 치열하기는 하지만 대부분의 부모가 그런 것은 아닙니다. 그리고 무엇보다 자립심을 강조합니다. 하지만 한국은 첫 번째도 학벌, 두 번째도 학벌입니다. 또한 우리나라에서는 교육이 망국병이지만 일본은 그렇지 않습니다.

한국과 비교하는 또 하나의 나라, 이스라엘의 교육열도 만만치 않습니다. 하지만 한국과 많은 면에서 교육방식이 다릅니다. 이 책의 본문에서도 얘기 했지만, 한국 부모들은 자식들에게 선생님 말씀 잘 들으라고 강조하지만 이스라엘 부모들은 자식들에게 학교 가서 선생님에게 질문 많이 하라고 가르칩니다. 또한 토론과 연대의식을 중요시 여기는 나라가 이스라엘입니다.

이렇게 일본, 이스라엘과 한국은 기본적인 교육 마인드가 다릅니다. 한국보다 훨씬 못사는 쿠바는 교육천국이라고 합니다. 문맹이 단 한사람도 없습니다. 쿠바의 교육은 사람을 탈락시키는 교육이 아니라 인생을 풍요롭게 하는 교양 수단입니다. 그래서 아이들이 웃으면서 공부할 수 있는 겁니다. 한국은 과감히 기득권을 내려놓고 쿠바에게 배워야 합니다.

무엇보다 공부 때문에 자살하는 학생은 단연 우리나라가 최고라는 사실이 부끄럽습니다.

지금 일부 현명한 선생님들이 아무리 소신 있는 교육, 창의성 교육을 외치고 수업을 해도 이미 전체 교육 시스템이 획일화, 고정화 되어 있는 구조 속에서는 바뀌기가 힘듭니다. 기성세대의 전면적인 생각의 전환과 교육정책의 대대적인 수정만이 한국 교육이 살길이고, 경제와 과학이 살길입니다.

이러한 현실임에도 불구하고, 교육의 가장 기초단위인 가정에서만큼은 아이들에게 웃음을 주어야 하지 않을까요? 그러기 위해서 가장 중요한 것은 부모님의 마인드입니다. 아이들에게 정서적인 지원자가 되어주면서 적절하게 학습 코칭을 해 주면 막대한 사교육비를 줄일 수 있습니다. 이 책은 그러한 의미에서 초등학생 자녀를 둔 엄마들에게 도움을 줄 거라 확신합니다.

신성일